中文社会科学引文索引（CSSCI）来源集刊

产 业 经 济 评 论

REVIEW OF INDUSTRIAL ECONOMICS

第20卷　第4辑　（总第68辑）

主编　臧旭恒

中国财经出版传媒集团
经济科学出版社
Economic Science Press

图书在版编目（CIP）数据

产业经济评论．第20卷．第4辑/臧旭恒主编．--北京：经济科学出版社，2021.12
ISBN 978-7-5218-3187-0

Ⅰ.①产…　Ⅱ.①臧…　Ⅲ.①产业经济学-文集
Ⅳ.①F062.9-53

中国版本图书馆CIP数据核字（2021）第249538号

责任编辑：于　源　李　林
责任校对：王京宁
责任印制：范　艳

产业经济评论
第20卷　第4辑　（总第68辑）
主编　臧旭恒
经济科学出版社出版、发行　新华书店经销
社址：北京市海淀区阜成路甲28号　邮编：100142
总编部电话：010-88191217　发行部电话：010-88191522
网址：www.esp.com.cn
电子邮箱：esp@esp.com.cn
天猫网店：经济科学出版社旗舰店
网址：http://jjkxcbs.tmall.com
北京季蜂印刷有限公司印装
787×1092　16开　10.75印张　210000字
2021年12月第1版　2021年12月第1次印刷
ISBN 978-7-5218-3187-0　定价：41.00元
（图书出现印装问题，本社负责调换。电话：010-88191510）

目　录

CONTENTS

从“电信竞争”到“平台竞争”的演变与重构

——《电信竞争》出版 20 年来信息网络产业的竞争与发展

胡汉辉　刘怀德　罗　亮*

摘　要：《电信竞争》出版 20 年来网络行业的发展，可以从电信竞争、电视竞争、平台竞争三阶段的角度进行审视。拉丰（Laffont）、梯若尔（Tirole）所开拓之新规制经济学研究范式对当今世界的平台竞争问题仍然具有较强的解释力，是可供借鉴的思维方法之一。需要仔细把握平台的“瓶颈”引特征，在规制与竞争之间寻求有利于发展的平衡，形成“平台竞争”的理论分析体系。

关键词：电信竞争　平台竞争　演变与重构

著名学者拉丰和梯若尔于 21 世纪开局的千禧之年所著之《电信竞争》（2000）建构了分析电信业等具有一定“自然垄断”特性的产业之竞争、规制与发展的理论框架，主要采用博弈论等工具进行了承前启后的开创性分析，其作者之一梯若尔曾于 2014 年因对“市场势力”（market power）和“规制”（regulation）的独特研究而获得诺贝尔经济学奖。今天，学界与业界、大众与政府对于数字平台的关注和研究热度已经达到无以复加的地步，其中既交织着人们对几大平台公司的爱恨（可能是因为对平台所有者们快速致富的羡慕嫉妒），也存在着规制者的担忧（或许是平台“史无前例”地冲击市场和社会文化、一些“巨无霸”企业的权利和影响力有意无意间在某些方面甚至超过了政府），还可能掺杂着当政者的反应（例如由于民族情结而导致的有形与无形的国际贸易保护与冲突）等。如果说在现实世界里，电信网络为互联网乃至平台经济发展奠定了哪怕是早期的物质基础，那么在学术世界中，《电信竞争》则为随后的“电视竞争”（胡汉辉等，2021）和现在

* 本文受国家自然科学基金资助项目“三网融合与有线电视业的发展与规制：以数字化内容为媒介的分析”（71173036）资助。

胡汉辉：东南大学集团经济与产业组织研究中心；地址：江苏省南京市四牌楼 2 号，邮编：210096；E-mail：huhh@ seu. edu. cn。

刘怀德：湖南师范大学商学院；地址：长沙市麓山路 36 号；邮编：410081；E-mail：huaideliu @ sina. com。

罗亮：天翼数字生活科技有限公司；地址：上海市虹口区四川北路 61 号；邮编：200081；E-mail：luoliang@ 189. cn。

的“平台竞争”之经济分析奠定了至今仍可借鉴的理论基础。只是不少问题在拉丰、梯若尔的《电信竞争》中能被看到，有的已经有所描述，有的可以据此演绎，当然也有一些问题在20年前尚未出现。

本文试图从2000年问世的《电信竞争》出发，梳理20年来从电信竞争到电视竞争、再到平台竞争的演变过程，考察规制经济学的解释力，期望通过分析现实情况的机理以寻求理论继续发展之方向。

一、从“电信竞争”到“平台竞争”的三阶段划分

拉丰和梯若尔关注电信行业，既由于电信行业具有网络产业的普遍特征，讨论这个典型行业的规制改革和竞争问题对分析其他类似行业而言具有一定的普遍意义，也由于电信行业在当时的特殊性和影响力，包括以1984年美国电话电报公司（AT&T）的解体、1996年美国新《电信法》的颁布为标志的、电信行业的激励性规制改革已经走在了前列。电信行业飞速的技术进步、加速的结构调整，给两位经济学大师将新规制经济学应用于电信行业的“理论测试”，进一步深化其理论发展提供了良好的现实基础。参照拉丰和梯若尔对问题研究的选项，出于从行业代表性、社会影响力、技术领先性等方面考虑，不妨将始自电信竞争的有关研究进程划分为三个时代：针对电信竞争的研究、针对电视竞争的研究和针对平台竞争的研究。

电信竞争时代的主题主要是《电信竞争》所描述的电信行业的网络竞争与规制。光纤技术的进步和推广，使城域网与本地网可以大容量连接，大大提高传输交换速度、降低成本，要求长话与市话、固定与移动、基本服务与延伸服务在接入、互联、价格等方面做出积极响应，一个传统上受到高度规制的行业进入了全面更新的窗口期。这是一个电信引领社会进步的时代。

电视竞争时代的主题主要是以电信网、有线电视网和互联网“三网融合”为主导的网络融合、竞争与规制。在电信网络发展的基础上，有线电视网、互联网加速发展，在技术进步和影响力上超越了电信网络。《电信竞争》第一章“导论”即提出了电信业的结构调整已日益加速，认为随着电信、有线电视、广播和计算机变成可相互替代的“同一”行业，共同成为我们当今经济骨架的重要构成。尽管用“电视”一词很容易将人们的注意力集中到放在客厅、供家人集体观赏的物品——电视机，但仍然可以提醒我们：第一，“电视竞争”与“电信竞争”问题的不同之处，不仅是信号传播的“网络”，还涉及网络发布的“内容”。第二，就电视竞争之“电视”而言，不仅其社会形态极其丰富，而且其作为后台支撑的技术进步也十分快速；不仅电信运营商、电视运营商和互联网服务商都很活跃，而且制造商、供应商也很积极，甚至作为自媒体制作者的大众亦很投入，似乎这是一个无门槛的、极具

活力的领域，其关于进入、价格、质量等竞争的形式更加多样化。我们团队继翻译出版《电信竞争》中文版（2001）后，集中开展了有关网络融合过程中竞争与规制问题的研究，出版了《三网融合时代的电视竞争与规制》。

平台竞争时代的主题主要是数字时代平台企业的产业垄断、竞争与规制问题。在三网或多网并存的时代，互联网在社会的地位和作用明显突出，不仅超越了电信和有线电视网络，而且伴生出能源互联网、车联网等专业或通用物联网。《电信竞争》第七章“结论”指出，“如果我们在一本有关电信业竞争的专著中不讨论因特网，那也实在是太大意了”（第253页）①。这些年来，随着互联网的快速崛起和扩展，大型科技平台在主动服务、甚至创造人们需求方面的能力十分强大，达到不得不需要加以约束和控制的地步。如阿里巴巴、亚马逊、京东、易贝、乐天等世界性、区域性电子商务交易平台，影响着全球几十亿人的购物和消费之方式。看得见的是平台越来越大、覆盖面越来越广；看不见的是冰山之下，传统的规制手段失灵，算法、网络爬虫和索引等工具日益强大，活灵灵的“人”逐步成为蹒跚学步的婴儿，被牵引到走向无法预料的未来。诺切特和梯若尔（Rochet and Tirole，2003）从“双边市场”视角对“平台”进行了分析。经过经济学、管理学和信息系统等多学科学者10多年的共同努力，双边或者多边、平台经济的理论框架已初步形成。不过，从近年国内外平台的发展现实看，形成具有充分说服力的、成熟的“平台竞争”理论分析体系，还有较长的路要走。

不难发现，电信竞争、电视竞争与平台竞争时代各自具有如表1所示的不同特点。

表1　电信竞争、电视竞争、与平台竞争三个阶段的竞争特点表

	电信竞争时代	电视竞争时代	平台竞争时代
网络	电信网络	电信、电视、互联网三网融合	网络全面一体化
终端	电信终端（如固定电话、手机等）	视频终端（如电视机、电脑等）	数字终端（如智能手机等）
主导要素	网络	内容	数字
主导工具	交换机和传输设备	带宽和视频	算法和便携电子设备
核心能力	传输能力	数字质量	数据能力
社会作用	沟通性消费	生活性消费	基础性社会活动

① 本文所引之《电信竞争》的页码，凡未注明作者的均引自2001年人民邮电出版社之《电视竞争》（中文版）。而注明作者的均引自2000年MIT Press之英文版。

二、《电信竞争》对若干发展问题的有效解释

作为研究具有一定“自然垄断特性的产业”的力作，《电信竞争》至今不仅对经典的电信竞争，而且对 20 年来的一些新出现问题亦能做出较好的解释。

（一）产业特征将导致特定的市场结构

《电信竞争》梳理了电信行业的一些基本特征，包括：第一，网络是多样化的，同时由于网络的外部性，互联是其基本特性。第二，电信业是具有高额固定成本的产业，某些业务领域从技术角度看存在自然垄断。对于运营商而言，必须有参与竞争的接口，这些接口实际上就是进入者的瓶颈。对于瓶颈的所有者，互联政策要提供合理的补偿，激励他们建造网络并对其进行持续的维护。互联政策必须导致对网络的有效使用。第三，瓶颈的位置随着技术进步而改变。显然，有关这些特征的描述在今天的平台竞争时代仍然具有一定的普遍性。

首先，网络的多样性和外部性。网络上的用户越多，就越有价值，这是电信网、有线电视网和互联网的特性，也是平台的共同点。正如一个人的电信网毫无价值一样，梅特卡夫定律（Metcalfe’s Law）指明，一个网络的价值等于该网络内节点数的平方。平台的锁定效应同样明显，社交平台的分割或转移不是普通消费者愿意主动干的事，消费者的惰性或者黏性会不断地自增强。苹果（Apple）和谷歌（Google）的成功不仅依靠其自身的双边平台，而且也依托其操作系统（iOS）和安卓（Android）所形成的移动应用生态。

其次，高固定成本性，以及相应的低边际成本。一个数字平台的建立需要支付昂贵的计算机硬件和软件开发费用。但一旦系统进入运行状态，其处理、存储、复制和传输数据的边际成本将非常低，还可以提供更多的延伸服务，如谷歌除了搜索引擎服务，还提供包括电子邮件、视频分享、比价、云计算和在线支付系统等服务。这些都使平台经济具有自然垄断的天性，会强化在位者的市场力量，为进入者设置壁垒。

最后，技术进步性。超大型数字平台与一般企业相比，一方面具有平台治理的职能，带有准公权力的属性，另一方面又参与平台内的产品和服务竞争，很容易导致不公平行为。当我们无奈于电信或者平台的某种自然垄断性时，也会看到由于技术进步而带来的市场结构的改变。从电信领域由铜绞线到光纤技术的进步，至电视领域 NTSC、SECAM、SECAM、IPTV 等制式的出现，到平台领域脸书（Facebook）、推特（Twitter）、微信等的涌现，平台之间的竞争性是平台自然垄断性的内生破坏者，只要没有人为或者外生的障碍设置，技术进步会自然地有效打开“瓶颈”，促进自然垄断性放宽，使市场

保持一定的竞争性。这是一个动态的过程，不能以横截面式的静态观视之。

（二）需要对接入行为进行一定的规制

美国联邦贸易委员会2020年诉脸书公司案中，起诉所列Facebook的垄断行为之一就是“拒绝互联互通”。20年来，互联互通的拒绝与反拒绝场景在电信网、互联网领域反复上演。20世纪60年代以前，AT&T曾垄断了美国包括电信设备销售在内的几乎所有电信业务。1974年美国司法部，而非专门的规制机构——美国联邦通讯委员会（FCC）曾对AT&T提起反垄断诉讼，指控FCC难以遏制AT&T就市话接入收取过量费用，这一现象一直持续到1984年AT&T的解体：其通讯业务经营部门被分拆为1个长话公司和7个区域性市话公司（1+7分拆）。当然，“1+7分拆”后的行业结构仍然需要被有关方面规制相应的接入行为，以形成从价格到服务的非歧视接入。《电信竞争》认为，制定明智的互联政策是电信产业发展有效竞争的关键，基于对单向接入和双向接入问题的系统性研究，拉丰和梯若尔将“接入”中的排他性行为分成三类：（1）拒绝和拖延互联，如减缓交换机升级；（2）提高竞争对手的成本，如将网络功能捆绑式销售、要求对手购买昂贵的接口设备；（3）降低竞争对手的需求，如拒绝或拖延提供号码携带服务，不充分维护网络等。进入平台竞争时代以来，排斥互联业务的买主依然无异于肢解潜力巨大的市场。虽然从规制的角度看，对排他性行为进行严格的规制将面临巨大困难，规制成本巨大，但是对接入行为依然需要继续进行有效的规制。这是因为一些平台屡屡关闭其他公司产品的程序接口（API接口），或者限制其使用。2020年12月欧盟颁布的《数字市场法》就把数字平台界定为“看门人”，从而明确数字平台必须遵守互操作性义务。

（三）价格的制定应让经营者保有一定的灵活性

《电信竞争》认为，网络间的互联费必须考虑多重目标，包括促进电信网络有效利用、鼓励网络投资、降低成本等。然而，规制者的信息缺失和企业游说活动，使得互联费难以被确定于合理水平。拉丰和梯若尔有关价格制定的几个重要观点是：（1）既然几无可能对所有业务都实行边际成本定价，因而允许一定范围内的价格歧视能够减少定价行为之扭曲，这也是一些网络投资可行的先决条件。（2）作为高效能激励方案，总体最高限价可以使规制更加宽松，需要更加尊重运营商们的经营决断。在平台竞争的时代，并未出现足以修正拉丰和梯若尔上述观点的情形。因而，有关的价格制定仍应让经营者保有一定的灵活性。

（四）有效管制是保障市场竞争和兴盛的必要措施

《电信竞争》的作者不仅接受规制，而且对其保有信任，他们认为，在没有规制的情况下将难以保障竞争的充分性。作为新规制经济学的创始者，他们以信息不完全为决策基础，不仅提出了不对称规制、激励性规制等独特的思想，而且进行了杰出的论证。《电信竞争》认为，由于网络行业的固定成本高昂，面对在位者的压倒性优势，推行不对称规制、抑弱扶强将是实现有效竞争的必要之举。拉丰和梯若尔并未对究竟是发挥市场力量、还是实施政府规制进行刻意选择，而是进行了谨慎的分析。梯若尔 2019 年 12 月在接受中国媒体采访时曾指出：市场不能发展太快，否则监管跟不上。虽然这种观点并不被我们的一些理论工作者所认同，但是从互联网金融等领域曾出现的一些乱象看，或许不无道理。根据美国 1996 年《电信法》，为促进本地电话市场的发展，保护竞争性本地运营商，需要限制在位的本地运营商的一些行为。电视竞争时代的规制在既有传输网络规制的基础上又增加了对“内容”的规制，使规制的作用更为突出。随着平台的发展，人们对平台的担忧在媒体经济学的推动下与日俱增，“二选一”“大数据杀熟”等现象，配之以“内卷化”等新名词的出现，平台似乎已成为“人人喊打”的对象。联合国贸易和发展会议 2019 年发布《让“赢家通吃”的数字平台市场恢复竞争》的报告，以及大量学者和政府人士呼吁“驯服”大型科技平台，都希望将其视为公用事业加以监管，严格反垄断执法，甚至对其进行拆分。或者出台有关大数据和人工智能方面的产业政策，以寻求“产业促进政策”和“产业规制政策”的组合效果。当然，平台的反垄断将面对诸如相关市场边界、支配地位的认定等难题，需要认真、系统的研究，不可贸然行事。

三、点题并开启了网络行业的理论研究

拉丰和梯若尔因为其在经济学，尤其是激励性规制经济学研究方面的雄厚积累，能敏锐地捕捉到网络行业发展的诸多基础性、关键性和苗头性问题，《电信竞争》在几乎每个章节、特别是第七章的“结论”部分，指出了不少值得我们关注的新问题。尽管不一定能说他们当时就天才般地预见并解决了一些仍令当代人困惑的问题，但是两位作者点题的精准仍然值得我们思考和借鉴。

（一）网络行业竞争参与者的扩展问题

《电信竞争》指出，“或许今天电信业的最大赌注下在了因特网上，因为人们对于因特网环境下的未来的产业组织方式所知甚少”（第 256 页）。“目前，经济上的赌注是巨大的，互联网正在转变成为一个瑰丽壮观的商业战场”（第 256 页）。他俩梳理了互联网的参与者，包括终端用户、网站，以及在这两端之间的大量参与者——拉丰和梯若尔称之为“中介”（player）。这些“中介”有的向用户提供指导服务如搜索引擎、门户网站、信息中介之

类，有的提供传输服务。虽然由于拉丰和梯若尔主要讨论“电信竞争”问题，而电信竞争关注的焦点是传输服务，但是，明确指出互联网的参与者中将不仅包括提供传输服务者，而且包括专营搜索引擎、门户网站、信息服务之类的“中介”，无疑为我们今天的研究埋下了伏笔。恰恰是当初没有被学者充分关注的这些“中介”们，成为当今最活跃、最受关注的部分。

（二）跨界融合问题

《电信竞争》发现了电信、广播和计算机行业正在走到一起的现实，并指出，“融合意味着新的参与者从先前截然不同的行业进入电信业：电子出版商、广播运营商、互联网服务提供商、创意策划者、软件公司、硬件公司……新的参与者既可以来自非规制行业（如信息技术等行业），也可以受其他规制体系（如广播）的约束”（第260页）。运营商的多元性与潜伏性将导致规制者的多重性，引发“多台规制”、交叉补贴等问题。融合是平台和大数据的价值所在，数字化的风刮到哪里，就会在哪里融合发展、产生平台和价值，如“数字化 + 购物”会产生电商平台；“数字化 + 交通”会产生出行平台、物流平台；“数字化 + 金融”会产生互联网金融、数字货币；“数字化 + 能源”会产生能源平台；等等。这样的单子可以拉得很长，其中有大量的创新和价值创造，如网约车服务（互联网 + 运送）是创新的出行方式，是新产品对旧产品的取代（于立，2017）。杨秀云等（2019）指出，互联网主要通过产业融合方式，从自身价值创造、创新市场组织、改变市场主体行为、重塑生产方式和价值网络四个方面融入实体经济，形成经济网络，最终创造出经济价值。横截面的平台结构包括数据采集的感知层、数据传输的网络层、数据处理的平台层、数据应用的应用层。这些内容都够供后人研究好长一段时间的。除了静态的跨界市场结构，还有动态的跨界行为，值得我们进入丰富的现实生活和生动的新兴产业中加以研究。这正是《电信竞争》教给我们的研究导向和方法。

（三）高效能激励问题

规制的目的并不是限制行业发展，不是减少市场的力量，而是兼顾服务质量、价格、技术进步等因素的产业繁荣。《电信竞争》专门用一章阐述“激励性规制”，并在后面的章节特别研究了总体最高限价、固定价格、长期增量成本等价格机制。拉丰和梯若尔认为，接入价格必须合适，因为过低的接入价格既会鼓励对网络的低效使用，也会降低网络投资的积极性；过高的接入价格既会遏制需求，也会激励网络设施的重复建设和过度投资，增加社会的运行成本。总之两者对社会都不是好事。臧旭恒（2008）通过模型推演对网络技术进步的实现条件进行分析，发现厂商在一定条件下具有“推出网络技术进步的惰性”。但我国一些平台公司为夺取垄断地位，通过资本市场

“烧钱”式筹资，进行大规模投资后留下巨大的资金风险，是我们必须正视的问题。拉丰和梯若尔提醒我们，对规制者和社会而言，既要防止规制俘虏，又要避免规制剥夺，对企业的过度宽容或者过于尖刻，对行业发展都将不利。平台经济中，由于平台资产和业务的复杂性，致使投资成本分摊和“合理回报率”的设定都将面临巨大困难；高效能激励又易导致高租金，使消费者福利受损。另外，《电信竞争》还提出了“多个规制者”问题。由于数字网络的渗透性，政府单一部门难以有效应对新模式、新业态带来的诸多挑战（Gorwa，2019）。面对数字网络跨领域、跨产业、跨地区融合发展和信息不对称的基本实情，需要侧重技术性的专门监管与注重社会性的综合监管相结合，两者相互牵制，保持对严酷管制的必要警惕，以保护新兴领域的发展。

（四）普遍服务问题

《电信竞争》专列了一章（第 6 章）研究普遍服务问题，因为在大部分国家中，几乎所有网络产业的普遍服务都是一个围绕规制改革的政治争论的焦点问题。尽管 Atkison – Stiglitz 定理（Atkison and Stiglitz，1976）证明，实现收入再分配的最佳途径是直接对收入征税，操纵产品和服务的相对价格以进行收入再分配将是低效率的。但是现实中如何权衡直接对收入征税和操纵产品/服务的消费价格以间接征税仍然是一个棘手的操作性难题。拉丰和梯若尔对消费者的再分配和区域发展规划两个基本问题进行了研究，并从“普遍服务市场”角度，研究了质量、拍卖、不基于设备的进入等问题。有关结论对于那些地区间差异比较大的国家解决电信、电力、交通等网络行业的普遍服务问题具有一定的启发性意义，2001 年夏天，拉丰先生来华参加《电信竞争》（中文版）首发式期间，曾和我国有关产业部门的管理者与规制者就普遍服务问题做过专门交流。从我国情况看，到 2020 年底全国电话用户总数达 17. 8 亿户，移动电话普及率 113. 9 部/百人；互联网上网人数为 9. 89 亿；互联网普及率达 70. 4%，其中农村地区为 55. 9%。全国范围内行政村通光纤和通 4G 比例均超过 98%（数据出自 2021 年 1 月 13 日国新办新闻发布会）。无论电信服务还是数字服务，普遍服务的程度和质量都达到了一定水平。随着“新基建”的发展和“乡村振兴”等地区均衡发展战略的实施，不少农村地区的普遍服务问题将进一步减弱。当然，作为社会的“必需设施”，对平台互相的限制形成的“数字壁垒”或许会较之“数字鸿沟”问题（不同地区、行业、社区之间由于对信息、网络等基础设施的拥有、数字技术的应用之不同，以及创新能力的差异而造成的信息落差及贫、富进一步两极分化的趋势）更加凸显，产生新的普遍服务问题，需要对平台第三方开放和互操作义务进一步强化。

四、基本没有触及的问题

虽然“太阳之下无新事”，但事物总在发展变化中，尤其是平台作为破坏性创新切入经济社会，带来的变化巨大，不少问题在《电信竞争》成书时尚未出现，无法进行深度探讨，加之拉丰教授于《电信竞争》出版4年后不幸英年早逝，该书未能再版，给后人留下了一些无法指望直接套用20年前的观点与方法就能加以研究的问题。其中四个与“电信竞争”直接相关的问题是：

（一）双边市场问题

《电信竞争》的分析范式在研讨“平台竞争”时的最大遗憾当数两位作者没有推出“双边市场”的概念，这是否给了我们感叹“天才经济学家”也有没看到的机会？好在梯若尔不久之后就成了“双边市场”研究的开拓者之一。如果没有“双边市场”这一概念，后人将几乎没有分析平台尤其是大型平台的相应工具。因此，我们也无法在“电信竞争”的时代，从拉丰和梯若尔的研究中找到有关大型平台的组织结构分析，以及网络式、嵌套型生态系统。这一生态系统孕育和支撑着大平台对小平台和独立产销者的联系，供应链间的上下游关系，投资型股权结构关系，以及含有外包、众包、零工经济等的支持型体系，配合以算法、流量和必要的硬件结构。相比电信竞争时代的传输主导和电视竞争时代的内容主导，平台竞争时代的功能主导更为复杂，能否运用以及如何运用双边或多边视角解释平台经济，留给了我们大量的研究空间。

（二）市场规模问题

由于《电信竞争》基本以美国的电信市场为样本，而美国是一个有规模的、成熟的自由经济市场，或者说是一个不需要专门考虑“规模”的市场，因此，在《电信竞争》中，尽管考虑了规模经济问题，但是基本没有关于市场规模约束的讨论。其实，若没有一定的规模为保障，尤其是在存在物理或者地理边界有限约束的市场中，大规模的网络投资将较难有吸引力，因为差异化、多样性难以存在，创新的合理回报难以保障。虽然中、美两国各自的巨大市场足够让人们暂时回避这些考虑，但随着市场开放和一体化程度的深化，竞争甚至冲突在所难免。这或许是近年来国际市场上平台竞争日益走向中国、美国企业竞争，甚至对抗的部分原因，也是平台竞争时代理论和实践需要面对的问题。

（三）网络安全问题

《电信竞争》的作者虽然关注了现实经济的复杂性，但这方面的关注更多地着眼于信息不对称、不完全合同等经典问题，没有足够考虑非理性、行为等问题。其实，从（电信传输系统）基本不涉及内容，到（有线电视网络）主要表达内容，甚至内容为王，再到（平台操纵者的）算法导致的信息茧房，甚至使身处其中的个人更容易被思维固化（更易因受蛊惑和束缚而发生非理性的羊群行为）。网络安全成为必须考虑的问题，甚至有些网络平台可能凭借其“寡头垄断”地位，与政治、宗教、舆论等结合，成为可能影响国家安全的超级力量。从普通信息到大数据，平台竞争时代的个人隐私保护、社会秩序、数据安全等问题理应受到越来越多的关注，在很大程度上成为经营者竞争和规制监管的重要维度。

（四）超国家监管问题

《电信竞争》并非不关注全球化问题，拉丰、梯若尔在第 7 章“结论”部分曾专门谈了“全球化”，指出电信规制的地理边界不同于政治边界：运营商覆盖的地理区域与其规制者权力的地理空间往往并不完全重叠，这是非常精辟的见解。不过，由于他俩关注的主要是“国际固定和移动电话、全球化的合作业务”，是类似于电信网络运营商那样的传输中介，因而对平台公司的超国家监管问题（它的一个派生问题是“某一个国家出于一国之利而实施‘长臂管辖’的法律有效性”）并没有进行专门的研究。当今的大型平台往往是全球性公司，包括股东的全球性和投资运营的全球性等等。跨国经营带来的国家安全、转移定价等国际性难题至今依然十分复杂且活跃，有关的超国家监管、“内容（价值观）审查”与安全联盟在地域（边界）上亦不完全一致。例如欧洲对美国数字公司的调查和监管，欧盟建立的“事前监管”制度，均对大型平台之跨国境行为有所规制。欧盟向谷歌等全球性数字平台开征数字税，美国则启动针对数字税的“301 调查”。2021 年 1 月美国贸易代表办公室公布的有关调查结果就认定法国、印度、意大利及土耳其对美国科技公司征收数字税属“歧视行为”。美国政府打压华为、字节跳动等中国数字公司的动机中就包含了明显的政治和意识形态、国家竞争力等非市场经营要素之外的战略考虑，企图遏制中国数字企业走向世界。政治、经济、意识形态等因素与规制问题的结合，使平台的超国家监管成为一个我们必须应对的全新领域。

五、平台竞争阶段如何发展网络规制与竞争

网络的规制与竞争发展到今天已进入平台主导的时代，如果说 2009 年

全球市值前 10 的企业中仅微软一家数字平台，还不至于引起我们的足够关注的话，则短短 10 年后的 2019 年，这一数字就快速增长到 7 家，已无法再让我们小觑之。数字平台公司不仅“规模”在扩大，“势力”也在人们的瞠目结舌中强势崛起。新经济运行在基础支撑、技术特征、组织结构、产业组织等方面都有别于传统经济（戚聿东、李颖，2018），既有大量的现实问题和理论问题需要抓紧解决与思索，也有大量的实践和案例可供总结与借鉴。总之，毫不迟疑地展开关于基础理论、应用理论和方针政策的齐头并进式研究已成当务之急。

（一）认真把握新时期网络平台的特性

在“经济开放与全球一体化”和“逆全球化”并存的今天，虽然人们对网络平台是供求双方接入互动的“基础设施”、具有准公共品属性这一点已基本达成共识，但是，参照拉丰、梯若尔的“瓶颈”存在于某些环节，并随着技术进步而改变的观点，我们既不能一概而论地确定平台全部领域的准公共性，也不能对此进行一劳永逸地定性，更不能轻易地按照通常的公共设施加以管理。网络平台与电信、电力等网络的不同之处是，既需要物理层面的高可靠性，也需要市场层面的可竞争性，更需要用户层面的便利性和消费者的信任度。因此，它将不仅仅是物理系统，更是效率、声誉的载体，一旦失去了消费者的认可，再庞大的平台也可能在一夜之间坍塌。由于平台所拥有的数据不少是企业在提供服务时，对收集的原始信息进行综合性、甚至人工智能（AI）型加工整理所得，因而它将并不能都被视为如“最初”那般的公共产品。比如平台上不少搜索引擎、社交网络或社交媒体所提供的很多服务是免费的，用户并没有被收取“垄断价格”，但很多情况下平台在“通过免费服务换数据”，而且许多“免费”只是针对消费端而言的“部分”行为。推特、脸书等的收入主要依靠在线广告，买单者还是全体消费者，市场法则依然在起作用。所以，平台的发展具有很强的市场导向机制，我们不能完全用公共设施的要求去审视它们的发展和规制它们的运行，而要深入行业内部，研究其部件、要素和行为特性，顺应社会发展需要，在加大监督力度的同时，更多地综合运用市场和法治手段维护其公共服务功能。

（二）推行审慎包容性监管

在拉丰和梯若尔看来，规制与发展并不互为“矛盾”。今天，虽然人们对网络平台实施规制的必要性已经形成了共识，但是，且不说平台的创新和技术进步在加速，规制者要有强大的学习能力才可以跟上，而且相关的市场界定、经营者集中、价格测算、目标垄断者测试、临界损失、捆绑销售等传统规制方法在网络平台上的适用性也大大降低，规制手段亟待研究、开发与创新。学者们已经开展积极探索，如于左等（2021）考虑了双边平台具有的交叉网络外部性和双边用户归属，构建了双寡头平台的商家和消费者决策模型；曲创、刘龙（2021）区分了“平台的用户”和“商家的用户”两类消费者，从效率效应、平台竞争、商家竞争三方面对互联网平台排他性协议的竞争效应进行分析，发现排他性协议是平台间竞争用户的方式，也是平台针对大商家的竞争策略，对平台排他性协议竞争效应的判定不能一概而论；王俊豪、周晟佳（2021）指出，包容审慎监管为导向，是适应新业态、新模式发展特征的重要监管创新。规制者要充分认识自身的信息和能力缺失，保持最大的谨慎；要以维护可竞争性为目标，监测要全面、紧密、敏锐，出手要慎重、克制、适时，既及时制止垄断行为，又对垄断结构保持一定的耐心与宽容，避免“非黑即白”地贴标签；要鼓励创新，实施“和风细雨”式监管，采纳“规制沙盘”机制，提高数字治理水平。特别要警惕平台巨头与政治、舆论的结合，不让平台拥有信息操纵的超级力量。

（三）高度关注并系统研究国际治理问题

在“经济全球化”和“国内国际双循环”的大背景下，我们既要充分发挥大国的市场优势，又要努力打破谷歌、苹果、脸书和亚马逊（四公司简称 GAFA）的垄断，积极进入国际市场。目前，西方对平台的“国际性”治理动作频频：欧盟针对大型数字平台公司的调查不少，竭力推动数字反垄断的相关立法，明显带有贸易保护的成分。当然，即使是美国，对其国内互联网巨头的态度也存在较大的分歧，如美国国会 2019 年 6 月起开展了针对 GAFA 等的电子商务竞争状况与问题调查，有关的争论仍在继续。我们不能被国际舆论所左右，要时刻保持战略定力，坚定不移地推行基于通行规则的改革开放，促进数字自由贸易，坚定维护网络的国家安全，保护东道国合法利益；要积极研究数字税、数据安全等问题，积极倡导和参与网络国际治理，促成国际规则的形成，增强全球数字治理的制度性话语权。

六、结　　语

作为一本作者为比经济学者更为“广泛的读者群”（本小节之所有引用均出自《电信竞争》之“前言”）而写作的作品，《电信竞争》问世 20 年来在中国产生了一定的影响。回想当年，“电信业经历了快速的发展，但是有关的学术研究却裹足不前”。拉丰和梯若尔认为，“电信理论和政策是竖立于规制（regulation）和竞争的交叉路口的指示牌，然而这方面的研究并没有被认真对待，许多已经实施或正在酝酿中的重要的政策与决策一直是在缺乏清晰的经济理论指导下进行着。这种情况还在延续，我们对此问心有愧。经验证明，政策选择的效果往往能通过遵守从理论导出的某些简单原则而得到改善。”因而，两位作者决心“使用经济学家们有关产业组织的最新理论知识来研究电信理论和政策这一广泛的领域。”以“填补一个空白……为我们思考新的竞争环境下的关键问题提供概念性工具”。两位作者将自己的写作任务定位在两个方面：“一是综合和描述20世纪90年代为促进电信业的竞争健康发展的环境所进行的框架性工作的政策意义；第二个同样重要的任务是在几个相关的方向上做进一步的研究，对经济学家而言，这些方向依然具有挑战性。”

如今，20年过去了，当今世界的特点无疑是信息空间的崛起，并与物理空间、人类社会一起，形成了三元并举的格局，经济的数字化蔚然成风（魏江、刘洋，2021）。虽然当年的“电信竞争”已经过“电视竞争”而进入了“平台竞争”阶段，但《电信竞争》依然如上文所述值得一读。我们今天依然需要在“几个相关的方向上做进一步的研究，对经济学家而言，这些方向依然具有挑战性”。

参考文献

[1] 国务院办公厅：《关于促进平台经济规范健康发展的指导意见》（国办发〔2019〕38号），http://www.gov.cn/zhengce/content/2019-08/08/content_5419761.htm。

[2] 胡汉辉、徐敏、吕魁、万兴：《三网融合时代的电视竞争与规制》，科学出版社2021年版。

[3] 戚聿东、李颖：《新经济与规制改革》，载《中国工业经济》2018年第3期。

[4] 曲创、刘龙：《互联网平台排他性协议的竞争效应——来自电商平台的证据》，载《西安财经大学学报》2021年第3期。

[5] 让·雅克·拉丰、让·泰勒尔：《电信竞争（中文版）》，胡汉辉、刘怀德、罗亮（译），人民邮电出版社2001年版。

[6] 让·雅克·拉丰、让·梯若尔：《电信竞争（中文版）》，胡汉辉、刘怀德、罗亮（译），中国人民大学出版社2017年版。

[7] 孙远钊：《论数字市场和网络平台的竞争与垄断——国际实证调研梳理与欧、美最近发展》，载《竞争政策研究》2021年第2期。

[8] 王俊豪、周晟佳：《中国数字产业发展的现状、特征及其溢出效应》，载《数量经济技术经济研究》2021年第3期。

[9] 魏江、刘洋：《数字创新》，机械工业出版社2021年版。

[10] 杨秀云、赵勐、平新乔：《从“虚拟”到“现实”：互联网重塑经济的理论逻辑》，载《经济社会体制比较》2019年第5期。

[11] 于立：《互联网领域落实竞争政策的几点建议》，载《中国价格监管与反垄断》2017年第3期。

[12] 于左、张芝秀、王昊哲：《交叉网络外部性、独家交易与互联网平台竞争》，载《改革》2021年第9期（知网网络首发）。

[13] 臧旭恒、邢宏建：《网络技术进步与旧技术平台的关闭》，载《中国工业经济》2008年第7期。

[14] Atkinson, A. B. and Stiglitz, J. E., 1976: The Design of Tax Structure: Direct and Indirect Taxation, *Journal of Public Economics*, Vol. 6, No. 1 – 2.

[15] Gorwa, R., 2019: What is Platform Governance?, *Information, Communication & Society*, Vol. 22, No. 6.

[16] Laffont, J. J. and Jean T., 2000: *Competition in Telecommunications*, MIT Press.

[17] Rochet, J. C. and Tirole, J., 2003: Platform competition in two-sided markets, *Journal of the European Economic Association*, Vol. 1, No. 4.

Evolution and Reconstruction: from Telecommunications competition to Platform competition

—The Competition and Development of Information Network Industry in 20 years since the publication of Competition in Telecommunications

Hanhui Hu　Huaide Liu　Liang Luo

Abstract: The development of network industry in 20 years since the publication of *Competition in Telecommunications* can be reviewed from the perspective of the three periods: competition in telecommunications, competition in televisions and competition in platforms. The new research paradigm of regulatory economics developed by Laffont and Tirole still has strong explanatory power to competition in platforms nowadays, and is one of the thinking methods that can be used for reference. The "bottleneck" characteristics of the platform need to carefully grasped and a balance conducive to development between regulation and competition need to be sought in order to form a theoretical analysis system of "competition in platforms".

Keywords: Telecommunications Competition　Platform Competition　Evolution and Reconstruction

JEL Classification: L50　L10

全球数字贸易规则谈判影响因素探究

——兼论伙伴关系选择

马述忠　王今非　郭雪瑶*

摘　要：随着信息通信技术的创新发展，贸易经历着“数字化”的深刻变革，数字贸易推动着国际贸易形态的快速转型和蓬勃发展，同时对现有的国际贸易规则形成有力冲击和严峻挑战，全球数字贸易规则的制定与重构成为新一轮国际贸易谈判和规则竞争的焦点。本文基于 WTO 贸易协定数据库中 62 个国家的数据进行实证检验，探究全球数字贸易规则谈判的影响因素，研判可能的全球数字贸易规则谈判伙伴，以期能够对现有的数字贸易规则谈判相关文献作出补充。研究结果显示，影响全球数字贸易规则谈判的因素主要在于两国经济地理、政治文化和基础设施等。本文研究的现实意义在于：一方面，通过提炼总结世界各国的立场主张和焦点分歧，从而推动实现全球数字贸易规则谈判的互利共赢；另一方面有利于中国立足全球视野，在全球数字贸易规则构建过程中更好地发挥中国角色和优势。

关键词：全球数字贸易　全球数字贸易规则　贸易伙伴关系

一、引　言

随着信息通信技术的创新发展和产业转型升级，贸易经历着“数字化”的深刻变革，作为全球数字贸易的有机组成部分，跨境电子商务推动着国际贸易形态的快速转型和蓬勃发展，助推数字贸易时代的全面到来。跨境电子商务主要兴起于世纪之交，亚马逊和 eBay 分别于 1998 年、1999 年登陆欧洲

---

* 本文受国家社会科学基金重大项目“数字经济时代中国推动全球经济治理机制变革研究”（20ZDA103）、国家自然科学基金面上项目“跨境电商推进我国数字贸易强国建设研究”（71973120）、国家重点研发计划“现代服务业共性关键技术研发及应用示范”重点专项项目“多模式多语言跨境电商平台研发与应用示范”（2018YFB1403200）资助。
感谢匿名审稿人的宝贵修改意见！
马述忠：浙江大学中国数字贸易研究院；地址：浙江省杭州市余杭塘路 866 号，邮编：310058；E-mail：mashuzhong@ zju. edu. cn。
王今非：浙江大学中国数字贸易研究院；地址：浙江省杭州市余杭塘路 866 号，邮编：310058；E-mail：635483721@ qq. com。
郭雪瑶：浙江大学中国数字贸易研究院；地址：浙江省杭州市余杭塘路 866 号，邮编：310058；E-mail：xueyaoguo@ zju. edu. cn。

市场，标志着跨境电子商务登上世界舞台。随着互联网基础设施的完善和全球物流网络的构建，以跨境电子商务为代表的全球数字贸易开始展现其蓬勃的生命力，带动了全球产业链和价值链加速整合优化，正在成为全球经济增长的新引擎。本文对马述忠等（2018）的数字贸易概念进行补充和修订，认为数字贸易是以数字化平台为载体，通过人工智能、大数据和云计算等数字技术的有效使用实现实体货物、数字化产品与服务、数字化知识与信息的精准交换，进而推动消费互联网向产业互联网转型并最终实现制造业智能化的新型贸易活动，是传统贸易在数字经济时代的拓展、延伸和迭代。现有的国际贸易规则难以解决数字贸易诸如规制原则、分类体系等一系列基础问题，数字贸易对现有的国际贸易规则制度和监管执法形成有力冲击和严峻挑战。合理规范的数字贸易规则是保障数字贸易高效顺利发展的有力基础和关键支撑，能够促进各国贸易的合作往来和互利共赢，进而重塑全球国际贸易格局。因此，全球数字贸易规则谈判被提上议程，全球数字贸易规则的制定与重构成为国际新一轮贸易规则谈判的焦点。

纵观全球数字贸易规则谈判，全球数字贸易规则谈判进程举步维艰。一方面由于数字贸易本身的虚拟化、平台化特点，数字贸易适用于 GATT 还是 GATS、数字贸易属于跨境提供还是境外消费等一系列基础问题悬而未决，难以形成标准规范的全球数字贸易规则基础框架。自 1997 年来，电子商务议题受到 WTO、APEC、OECD、G20 等多边及区域经济组织的广泛关注。跨太平洋伙伴关系协议（TPP）、跨大西洋贸易与投资伙伴关系协议（TTIP）、服务贸易协定（TISA）等超大型自由贸易协定也对全球数字贸易规则展开多次讨论，但始终未能取得实质性进展。另一方面由于世界各国利益诉求差异和立场分歧，不同国家和地区纷纷采取措施，企图争夺数字贸易规则话语权，各方分歧难以弥合，立场尖锐对立。发达国家仍是数字贸易的领跑者，拥有先进的信息技术和完善的制度环境，中国是数字贸易发展程度最高的发展中国家，但在发展环境、市场潜力和能力建设等方面与发达国家仍有一定差距。美国、欧盟等发达国家和地区凭借雄厚的数字贸易实力和全球价值链优势，掌握着全球数字贸易规则构建的话语权和制定权，构建起数字贸易规则的“美式模板”和“欧式模板”，给中国等发展中国家和新兴经济体带来巨大压力和挑战（周念利、陈寰琦，2018）。由于世界各国的发展水平不一，存在巨大的利益冲突、诉求差异和立场分歧，全球数字贸易规则谈判亟待取得突破和进展。

本文从全球数字贸易规则谈判进程中的核心议题与关注焦点出发，以美国、欧盟和中国等代表性各方的立场分歧和利益诉求为出发点，基于 WTO 贸易协定数据库中 62 个国家的数据进行实证检验，进而探究全球数字贸易规则谈判的影响因素和伙伴关系选择。本文的边际贡献在于：一方面，有关全球数字贸易的研究相对缺乏，本文以全球数字贸易规则为研究对象，是对数字贸易与国际贸易规则谈判现有文献的补充，期望能对该主题探究提供微小的边际贡献。另一方面，本文拓展了韩剑等（2019）的模型，用两国是否签署数字贸易条款以及条款数量作为被解释变量，并且考察了各个国家在数字贸易规则谈判中伙伴关系选择。研究的现实意义在于，通过对全球数字贸易规则谈判的核心议题进行梳理，研判可能的全球数字贸易规则谈判伙伴，一方面，有利于提炼总结世界各国的立场主张和焦点分歧，从而推动实现全球数字贸易规则谈判的互利共赢，为数字贸易发展争取和创造公平公正、健康稳定的国际规则环境，合力创建“数字贸易人类命运共同体”。另一方面，有利于中国立足全球视野，在全球数字贸易规则构建过程中更好地发挥中国角色和优势，勇当全球数字贸易规则的制定者和领导者，提高国际话语权和影响力。

二、文献综述

作为国际贸易与互联网结合的新型跨境贸易模式，跨境电子商务诞生之初便引起了学界的关注，主要研究重点在于区别于传统贸易跨境电商对贸易的实体、交易模式和交易成本的颠覆（Freund and Weinhold，2004；Lendle et al.，2016），同时也影响了相关国际贸易规则研究。作为新型贸易活动，全球数字贸易是跨境电子商务发展的高级形态，也是创新发展数字经济的重要组成部分。对于数字贸易这类新兴事物，学界主要聚焦于对数字贸易的内涵与特征进行界定，如马述忠等（2018）基于中国数字贸易的实践，提出了数字贸易的概念、内涵与外延，并辨析了传统贸易与数字贸易、跨境电子商务与数字贸易之间的关系。

数字贸易颠覆了传统的贸易形态，进而影响了国际贸易规则理论研究范式，主流的国际贸易规则已经无法适应数字经济时代全球数字贸易发展，学界转而关注于有关全球数字贸易规则的研究。全球数字贸易规则是开展数字贸易活动所依托的基本依据和行为准则，是互联网时代下最核心的贸易规则，现有文献围绕多边层面和区域层面的数字贸易规则、数字贸易规则的“美式模板”和“欧式模板”展开。从多边层面来看，以WTO为代表的多边数字贸易规则谈判进程缓慢，基础性问题难以解决，缺乏全局性共识，尚未形成实质性进展（龚柏华，2016；周念利等，2018）。WTO框架下的GATS、GATT、ITA、TRIPS、TBT等协定涵盖了数字贸易的某些方面，现有文献对其适用性进行了探讨（Fefer et al.，2017），马克（Mark，2017）从跨境数据流动、监管措施、贸易便利化等角度分析了现有WTO协议的局限性。由于WTO框架下的全球数字贸易规则谈判缺乏进展，各国纷纷转向区域层面，区域层面的数字贸易规则得到迅速发展，以TPP、TTIP、TiSA为代表的超大型自由贸易协定推进数字贸易谈判（Burri，2015）。WTO公布的涉及电子商务的 40 多个区域协定中，32 个协定将电子商务单独设章，内容涵盖一般条款、市场准入、信息保护和其他前沿问题（王惠敏、张黎，2017）。更多的研究聚焦于 TPP、TTIP、TiSA 协定中的数字贸易规则内容，并对比了其核心观点和基本理念差异（李海英，2016；张茉楠，2018）。

关于 WTO 与区域贸易协定对于构建全球数字贸易规则的角色和作用，现有文献观点不一。主流观点认为，WTO 有能力应对全球数字贸易规则谈判进程中的机遇和挑战，全球数字贸易规则有望在 WTO 规则框架下早日实现（Meltzer，2016；龚柏华，2016）。区域数字贸易规则能够为全球数字贸易规则的制定与谈判提供新思路，有望实现更深层次的自由化和更高层次的监管协调（Meltzer，2014；Aaronson，2016），但有学者发出质疑的声音，如屠新泉、蒋捷媛（2018）认为观点不一的区域贸易规则会导致“电子意大利面条碗”效应，阻碍全球数字贸易规则谈判进程。

从国家层面来看，美国和欧盟形成了具有自身发展特色和利益诉求的数字贸易规则“美式模板”和“欧式模板”，试图主导全球数字贸易规则谈判。在跨境电商和数字贸易立法早期，美国率先形成了以“电子传输免关税”“贸易无纸化”“透明度”和“数字产品非歧视性待遇”为核心的第一代数字贸易规则“美式模板”（王立武、杨柳，2013；陈靓，2015）。随着数字贸易规模和范围的不断扩大，针对数据存储与流动、信息安全等新议题，美国与时俱进地提出了以“跨境数据自由流动”“数据存储设备非强制当地化”“禁止要求开放源代码”“网络接入与使用”和“个人信息保护”为核心的第二代数字贸易规则美式模板（Burri，2015），试图主导 TPP、TTIP、TiSA 等双边及区域贸易协定谈判。相比“美式模板”，数字贸易规则“欧式模板”尚不成熟，缺乏完善的规则体系，近年来“欧式模板”的语言和措辞呈现出强硬的攻击性特征（周念利、陈寰琦，2018）。针对“欧式模板”的研究集中于跨境数据流动和隐私保护方面，在知识产权保护和文化保护方面亦有涉及。在数据流动和隐私保护方面，欧盟对数据存储提出了较高的本地化要求，为了保护消费者隐私而对跨境数据流动施加限制（桂畅旎，2016）。在知识产权保护方面，孙益武（2019）则研究了《反假冒贸易协定》、欧盟—韩国 FTA、欧盟—加拿大 FTA 中欧盟的知识产权保护立场。在文化保护方面，视听部门对公民意识形态影响巨大，欧盟始终坚持“视听例外”“文化例外”的贸易立场，视听媒体是最不开放的服务部门（周念利、陈寰琦，2018）。

纵观现有的全球数字贸易规则文献，主要从多边和区域层面分析了全球数字贸易规则的制定现状，探讨以 WTO 为代表的多边数字贸易规则内容、局限性和重要地位，归纳比较 TPP、TTIP、TiSA 等超大型区域贸易协定得以迅速发展的原因。现有文献关于全球数字贸易规则的核心议题与伙伴关系鲜有涉及，对于 APEC 等重要区域经济组织的数字贸易规则的研究有待进一步探讨。综上所述，本文将全球数字贸易规则的研究拓宽至核心议题与伙伴关系选择问题上来，通过系统梳理全球数字贸易规则谈判进程，提取和总结谈判核心议题，基于实证检验方法，研究全球数字贸易规则的伙伴关系选择问题，为政府不断推进全球数字贸易规则谈判进程，提出中国方案提供学术支持。

三、理论假说

在全球数字贸易规则谈判进程中，各国家和经济体基于自身的比较优势和利益诉求，持有不同的全球数字贸易规则立场和主张。以美国、欧盟、中国三大主要经济体为例，其价值分歧和理念差异主要体现在跨境数据流动、知识产权保护和“文化例外”等方面。

一是在跨境数据流动方面，跨境数据流动与隐私保护是全球数字贸易规则制定的核心问题，保持“跨境数据自由流动”与“隐私保护”间的平衡是制定合理数字贸易规则的关键。美国在数字服务产业具有比较优势，为了保障企业数据获取和跨境流动，美国反对所有限制“跨境数据自由流动”的枷锁，而欧盟严格限制“跨境数据自由流动”，坚持采用“数据存储强制本地化”的贸易政策，中国始终秉承“属地原则”对在中国境内运营的数据进行监管，与美国主张的“去国境化”观点差异较大。

二是在知识产权保护与源代码非强制本地化方面，美国和欧盟等发达国家和经济体掌握着众多国际一流、技术顶尖的专利和软件，出于保护知识产权的考虑，普遍赞同“源代码非强制本地化”的原则，然而中国等发展中国家和新兴经济体持反对意见，认为源代码保密政策将带来程序重复和浪费，以及高昂的知识成本和信息成本，在一定程度上阻碍全球数字贸易的发展。

三是在“文化例外”方面，网络音乐、视频、电子书等数字产品已成为全球数字贸易的重要组成部分，也带来了一定的分歧和争议。欧盟出于保护本国文化产业和视听部门的考虑，在 TTIP、TISA、欧盟 - 智利 FTA 等众多多边、区域及双边谈判中始终秉持“视听例外”“文化例外”的原则，然而这类条款与 WTO 自由化贸易理念相去甚远，美国等众多国家强烈反对欧盟视听例外的做法。

在全球数字贸易规则谈判过程中，各国需要在自身立场上选择志同道合的伙伴。全球数字贸易规则构建主要被三种力量主导：第一种是以美国为代表的国家，主张支持跨境数据自由流动、禁止数据本地化；第二种是以欧盟为代表的国家，主张视听产品例外、消费者保护等；第三种是以中国为代表的国家，主张数字主权。美国在数字贸易规则构建上一直保持高度进攻性，具体体现在美国主导的美墨加贸易协定（USMCA）、美日数字贸易协定（UJDTA）。而欧盟、新加坡推进数字贸易规则构建的进程放缓，新加坡参与了 CPTPP 并和欧盟、土耳其分别达成双边协定，但数字贸易规则较上一阶段未取得显著进展。欧盟实质性的条款较少，约束力未有显著提升。

综上所述，参与全球数字贸易规则谈判的各个国家出于不同的立场，在核心议题上存在较多的分歧和理念差异。这些分歧不仅体现了各个国家在数字贸易发展程度上的差异，也涉及各国在文化环境、价值理念、政治制度、法律制度上的差距。因此，影响数字贸易发展的各类因素也将影响两国数字贸易规则谈判的成功与否。在数字贸易条款的签署上，各个国家在选择伙伴关系时会考虑两国在政治、经济和文化等多个领域的相似度和国际关系。贝尔和伯格斯特兰（Baier and Bergstrand，2004）基于 286 个贸易协定和 53 个国家间的双边数据验证了成员国之间的地理距离越近、经济规模相似性越大，则 RTA 给成员国带来的净福利收益将越大，两国签署贸易协定的可能性较大。韩剑等（2019）通过梳理多边与双边数字贸易条款的“美式模板”与“欧式模板”，对比中国区域贸易协定的电子商务条款，运用自然语言文本处理分析方法对数字贸易条款的异质性进行比较分析，实证研究表明经济规模越大、经济相似性越大、双边距离越近的国家之间越倾向于签署包含数字条款的贸易协定。

本文为了进一步探究影响全球数字贸易谈判的影响因素和各国伙伴关系选择，基于上述学者的研究提出如下的理论假说，并通过实证检验加以验证。

假说 1：在全球数字贸易规则谈判中，两国数字基础设施越完善，与世界其他国家签署的数字贸易条款数量越多，越有可能达成数字贸易条款。这说明两国的数字贸易发展程度越高，在数字贸易开放水平上更加接近，数字贸易谈判中的诉求更加接近，更可能达成数字贸易条款。

假说 2：在全球数字贸易规则谈判中，两国市场规模越大，地理距离越近，越有可能达成数字贸易条款。因为两国的市场规模越接近，对数字贸易商品的消费能力越强，同时两国文化差异和心理距离越小，由此产生的距离成本越低，由此会达成更多的数字贸易条款。

假说 3：在全球数字贸易规则谈判中，两国的发达程度会影响数字贸易条款的签署，北—北、南—北签署数字贸易条款的可能性更大。这说明当两个国家为高收入的发达国家时，发达经济体倾向于通过签署数字贸易条款来实现数字贸易合作。发达经济体可通过签署数字贸易条款对发展中国家实现数字贸易管制，发展中国家可通过与发达国家合作消除数字鸿沟。

四、模型设定与数据来源

（一）模型设定

本文主要研究数字贸易条款得以签署和通过的影响因素，以及各国的伙伴关系选择。根据两国是否签署数字贸易条款构建虚拟变量 PTA 作为被解释变量。根据上述理论分析过程，参考韩剑等（2019）选取数字贸易限制因素、数字基础设施、市场规模、地理距离、文化距离、两国政治联系作为解释变量，构建如下基础模型：

$$PTA_{ij} = \alpha_0 + \alpha_1 DTRI_{ij} + \alpha_2 mobile_{ij} + \alpha_3 lngdppsum_{ij} + \alpha_4 lndist_{ij} + \alpha_5 remote_{ij} + \alpha_4 culture_{ij} + \alpha_7 political_{ij} + \alpha_8 NN_{ij} + \alpha_9 NS_{ij} + e_{ij} \quad (1)$$

其中，i、j 分别表示两个国家，PTA 表示两国是否签署数字贸易条款的虚拟变量，DTRI 表示两国数字贸易限制因素及其分指标，mobile 表示两国数字基础设施水平和完善情况，lngdppsum 表示两国市场规模和消费水平之和，lndist 表示两国间的地理距离，remote 表示两国与世界其他国家的平均地理距离，culture 表示文化差异带来的成本，political 表示两国政治联系和友好关系及其分指标，NN 表示“北 - 北”国家虚拟变量，表示签署数字贸易条款的双方均为发达国家时，取值为 1，反之取 0；NS 表示“北 - 南”国家，表示当签署数字贸易条款的国家为发展中国家和发达国家时，取值为 1，反之取 0，e 表示误差项。

（二）变量选取与数据来源

根据欧洲国际政治经济中心（European Centre for International Political Economy，ECIPE）的研究报告，目前世界上的数字贸易活动主要集中于 64 个国家。由于 2 个国家数据缺失严重，故予以剔除，本文使用 62 个国家①的 2019 年度的截面数据，共计 1891 个样本观察点进行实证研究。变量含义与数据来源如表 1 所示。

表 1　　变量含义与数据来源

变量名称	变量符号	变量含义	数据来源
两国是否签署数字贸易条款虚拟变量	PTA	虚拟变量；若已有签署生效的数字贸易条款，则取值 1，否则取值 0	世贸组织 RTA 数据库
两国签署的数字贸易条款数量	PTAnum	根据公布的有关电子商务的区域贸易协定清单整理得到	世贸组织 RTA 数据库

① 本文选取的 62 个国家样本为：阿根廷、澳大利亚、奥地利、比利时、巴西、文莱、保加利亚、加拿大、智利、中国、哥伦比亚、哥斯达黎加、克罗地亚、塞浦路斯、捷克、丹麦、厄瓜多尔、爱沙尼亚、芬兰、法国、德国、希腊、匈牙利、冰岛、印度、印度尼西亚、爱尔兰、以色列、意大利、日本、韩国、拉脱维亚、立陶宛、卢森堡、马来西亚、马耳他、墨西哥、荷兰、新西兰、尼日利亚、挪威、巴基斯坦、巴拿马、巴拉圭、秘鲁、菲律宾、波兰、葡萄牙、罗马尼亚、俄罗斯、新加坡、斯洛伐克、斯洛文尼亚、南非、西班牙、瑞典、瑞士、泰国、土耳其、英国、美国、越南。

续表

变量名称	变量符号	变量含义	数据来源
两国与世界其他国家签署的数字贸易条款数量	totalnum	根据公布的有关电子商务的区域贸易协定清单整理得到	世贸组织 RTA 数据库
数字贸易限制水平	DTRI	从财政限制、数据限制、建立限制和贸易限制四个方面，衡量了各国的数字贸易限制水平和自由化程度。一国的数字贸易限制水平越高，数字贸易开放程度越低，与其他国家签署数字贸易条款的可能性越低	欧洲 ECIPE 数据库
数字基础设施	mobile	将两国的数字基础设施数据取平均值处理	世界银行 WDI 数据库
市场规模	lngdppsum	双边人均 GDP 之和，以人均 GDP 衡量一国市场规模和数字贸易产品消费能力，取对数值	世界银行 WDI 数据库
地理距离	lndist	两国人口最大城市之间地理距离的对数值，取对数值	法国 CEPII 数据库
两国与世界其他国家的地理距离	remote	借鉴贝尔和伯格斯特兰（2003）的处理方法	法国 CEPII 数据库
文化差异	culture	将两国文化指标得分作差并取绝对值	法国 CEPII 数据库
政治联系	political	以全球治理指标 WGI 差异衡量两国的政治距离	世界银行 WGI 数据库
“北－北”国家	NN	虚拟变量，表示签署数字贸易条款的双方均为发达国家时，取值为 1，反之取 0	依据世界银行划分
“北－南”国家	NS	虚拟变量，表示当签署数字贸易条款的国家为发展中国家和发达国家时，取值为 1，反之取 0	依据世界银行划分

本文选取的被解释变量包括：一是两国是否签署数字贸易条款的虚拟变量（PTA），若已有签署生效的数字贸易条款，则取值 1，否则取值 0；二是两国签署的数字贸易条款数量。数据来源于世界贸易组织区域贸易协定数据库，根据其公布的有关电子商务的区域贸易协定清单，整理得到变量数据。

本文选取的解释变量包括：两国与世界其他国家签署的数字贸易条款数量（totalnum）、市场规模（lngdppc）、地理距离（lndist）、两国与世界其他国家的地理距离（remote）、文化差异（culture）、数字贸易限制水平（DTRI）、数字基础设施（mobile）、政治距离（political）。其中，DTRI 指标包括财政限制（Fiscal Restrictions，FR）、建立限制（Establishment Restrictions，ER）、数据限制（Restrictions on Data，DR）和贸易限制（Trading Restrictions，TR）4 种类型，political 指标包括话语权和问责制（Voice and Accountability，VA）、政治稳定性（Political Stability and Absence of Violence/Terrorism，PV）、政府效率（Government Effectiveness，GE）、监管质量（Regulatory Quality，RQ）、法律制度（Rule of Law，RL）、腐败控制（Control of Corruption，CC）6 个子指标。

其中，借鉴贝尔和伯格斯特兰（Baier and Bergstrand，2004）的处理方法，两国与世界其他国家的地理距离的计算方法如下：

$$remote_{ij} = cont_{ij} \times \frac{1}{2}\left[\ln\frac{\sum_{k=1,k\neq j}^{n} dist_{ik}}{n-1} + \ln\frac{\sum_{k=1,k\neq i}^{n} dist_{jk}}{n-1}\right] \quad (2)$$

其中，$cont_{ij}$表示国家 i 和国家 j 是否处于同一大洲的二元虚拟变量，若两国处于同一大洲，则取值 1，否则取值 0。若两国处于同一大洲，则 $remote_{ij}$表示两国与世界其他国家地理距离对数之和的平均数；若两国处于不同大洲，则 $remote_{ij}$取值 0。

本文使用的样本数据的描述性统计结果如表 2 所示。

表 2　描述性统计

变量	样本数	平均值	标准差	最小值	中位数	最大值
PTA	1891	0. 41	0. 493	0	0	1
PTAnum	1891	2. 84	5. 347	0	0	14
totalnum	1891	17. 19	7. 894	0	17	29
lngdpptotal	1891	10. 79	0. 689	8. 1583	10. 9083	12. 2033
lndist	1891	8. 53	1. 032	4. 0879	8. 9844	9. 8920
remote	1891	3. 01	4. 144	0	0	9. 5576
culture	1711	0. 65	0. 253	0. 0973	0. 6012	1. 6415
DTRI	1891	0. 11	0. 101	0	0. 08	0. 61
DTRI_FR	1891	0. 13	0. 120	0	0. 1	0. 61
DTRI_ER	1891	0. 14	0. 114	0	0. 11	0. 7
DTRI_DR	1891	0. 14	0. 134	0	0. 11	0. 79
DTRI_TR	1891	0. 16	0. 126	0	0. 12	0. 63
mobile	1891	1. 24	0. 147	0. 7256	1. 2369	1. 8018
NN	1891	0. 5	0. 5	0	0	1
NS	1891	0. 2	0. 4	0	0	1
political	1891	8. 23	4. 316	0. 8236	7. 4749	23. 4983
political_VA	1891	0. 90	0. 719	0. 0006	0. 7263	3. 1819
political_PV	1891	0. 92	0. 747	0	0. 7367	3. 8089

续表

变量	样本数	平均值	标准差	最小值	中位数	最大值
political_GE	1891	0.91	0.645	0.0007	0.7889	3.2541
political_RQ	1891	0.93	0.657	0.0012	0.8065	3.0218
political_RL	1891	1.03	0.722	0.0004	0.9055	2.9272
political_CC	1891	1.15	0.812	0.0002	1.0238	3.2573

五、实证分析

本文首先使用 Logit 二元回归模型，研究数字贸易条款通过的条件和影响因素，并利用 Probit 二元回归模型和考虑了数字贸易条款数量的最小二乘回归模型进行稳健性检验。其次，对剔除欧盟国家之后的 35 个国家进行回归分析，研究对于非欧盟国家而言的影响因素作用差异。接着，对发达国家与发展中国家进行分组回归，探讨北北国家对、南北国家对和南南国家对达成数字贸易条款的影响因素异同。最后，对政治联系进行分指标回归，分析话语权和问责制、政治稳定性、政府效率、监管质量、法律制度和腐败控制等方面的影响差异；对数字贸易限制指数进行分指标回归，分析财政限制、数据限制、建立限制和贸易限制四种限制类型的作用差异。

（一）基准回归

本文首先构建了 Logit 基准回归模型，分析两国签署数字贸易条款的影响因素，具体回归结果如表 3 所示。首先在第（1）列中加入数字贸易限制水平（DTRI）和数字基础设施（mobile）、市场规模（lngdppsum）、地理距离（lndist）变量。回归结果显示，DTRI 的回归系数显著为负，表明一国在签署数字贸易条款时，倾向于选择与本国具有相近数字贸易限制水平和开放程度的国家；mobile 的回归系数显著为正，表明数字基础设施越完善，越有利于数字贸易活动开展，签署数字贸易条款的可能性越大；市场规模（lngdppsum）的回归系数显著为正，表明两国市场规模越大，对数字贸易商品的消费能力越强，越有可能达成数字贸易条款；两国间地理距离（lndist）的回归系数显著为负，表明两国地理距离越近，越有可能达成数字贸易条款，各国倾向于与邻国签署数字贸易条款。在第（2）列中加入两国与世界其他国家的地理距离（remote）、文化差异（culture）、政治距离（political）变量。由回归结果可知，数字贸易限制水平（DTRI）变量前回归系数仍显著为负，数字基础设施（mobile）、市场规模（lngdppsum）变量前回归系数显著为正，此时两国间地理距离的回归系数仍为负，但不再显著，表明数字贸易条款受传统地理因素的影响有所减弱；两国与世界其他国家的地理距离

（remote）的回归系数显著为正，表明两国与世界其他国家相距越远，两国之间越有可能达成数字贸易条款；文化差异也是两国数字贸易往来的阻碍因素之一，影响数字贸易条款签订，文化差异（culture）的回归系数显著为负，表明文化差异越大，越不利于数字贸易条款签订，各国倾向于选择与本国文化相近的国家签署数字贸易条款；政治距离（political）变量前回归系数显著为负，表明两国政治距离越大，越不利于签署数字贸易条款，各国倾向于与政治相似度高的国家签署数字贸易条款。此时两国间地理距离和文化差异的影响都不再显著，说明数字贸易活动在一定程度上能够克服传统地理因素和文化差异的限制，降低贸易活动成本，有利于两国的数字贸易活动顺利进行，数字贸易条款的区域性特征有所减弱。在第（3）列中加入了"北—北"国家（NN）、"南—北"国家（NS）变量。"北—北"国家（NN）变量前回归系数显著为正，说明当两个国家为高收入的发达国家时，发达经济体倾向于通过签署数字贸易条款来实现数字贸易合作。"南—北"国家（NS）变量前回归系数显著为正，说明发达经济体和发展中经济体更有意愿签署数字贸易条款，发达经济体可通过签署数字贸易条款实现数字贸易管制，发展中国家可通过与发达国家合作消除数字鸿沟。这些实证结果进一步验证了本文的理论假设。

表3　Logit 基准回归模型

变量	(1)	(2)	(3)
DTRI	−7.285*** (0.734)	−5.846*** (0.808)	−5.609*** (0.816)
mobile	1.519*** (0.374)	0.747* (0.412)	0.954** (0.432)
lngdppsum	0.493*** (0.085)	0.577*** (0.089)	0.305** (0.127)
lndist	−0.782*** (0.058)	−0.16 (0.1)	−0.138 (0.1)
remote		0.14*** (0.023)	0.149*** (0.024)
culture		−0.111 (0.289)	−0.263 (0.298)
political		−0.11*** (0.018)	−0.117*** (0.018)
NN			0.617** (0.251)

续表

变量	(1)	(2)	(3)
NS			0.774 *** (0.186)
常数项	-0.2 (1.16)	-4.997 *** (1.479)	-2.946 * (1.93)
N	1891	1711	1711
Pseudo_R^2	0.2041	0.2435	0.2513

注：表中汇报的回归系数均为标准化系数，括号内是估计量的标准差。*、** 和 *** 分别表示估计系数在 10%、5% 和 1% 显著性水平下显著，下表相同。

（二）稳健性检验

本文对数字贸易条款通过条件和影响因素的回归模型进行稳健性检验，具体结果如表 4 所示。第（4）列为 Probit 模型的回归结果，第（5）列为线性概率模型 LPM 的回归结果。在此基础上，考虑两国签署数字贸易条款的具体数量，以及两国与世界其他国家签订的数字贸易条款对两国的影响，构建如下模型（3），回归结果见表 4 中列（4）和列（5）。

$$PTAnum_{ij} = \beta_0 + \beta_1 totalnum_{ij} + \beta_2 DTRI_{ij} + \beta_3 mobile_{ij} + \beta_4 lngdppsum_{ij} + \beta_5 lndist_{ij} + \beta_6 remote_{ij} + \beta_7 culture_{ij} + \beta_8 political_{ij} + \alpha_9 NN_{ij} + \alpha_{10} NS_{ij} + \mu_{ij} \quad (3)$$

其中，PTAnum 表示两国达成的数字贸易条款数量，totalnum 表示两国与世界其他国家签署的数字贸易条款数量，μ 表示误差项。

第（6）列是以两国签署的数字贸易条款数量作为被解释变量的最小二乘回归结果，第（7）列则在第（6）列的基础上，加入两国与其他国家签署的数字贸易条款数量作为解释变量。稳健性检验结果显示，回归模型总体具有较好的稳健性，但数字基础设施（mobile）、市场规模（lngdppsum）变量前回归系数的显著性水平不够稳健。这也表明在数字贸易有利于弥合数字鸿沟，市场规模和基础设施的影响进一步减弱，不再是数字贸易条款签订与否的决定性因素。

表 4 稳健性检验

被解释变量	PTA		PTAnum	
变量	(4) Probit	(5) LPM	(6) OLS	(7) OLS
DTRI	-2.94 *** (0.437)	-0.765 *** (0.11)	-3.523 *** (0.964)	-3.021 *** (0.949)

续表

被解释变量	PTA		PTAnum	
变量	(4) Probit	(5) LPM	(6) OLS	(7) OLS
mobile	0.562*** (0.252)	0.15** (0.072)	-0.014 (0.631)	-0.534 (0.623)
lngdppsum	0.195*** (0.075)	0.066*** (0.021)	-0.127 (0.193)	0.192 (0.19)
lndist	-0.072 (0.059)	-0.034** (0.017)	-1.983*** (0.146)	-1.79*** (0.145)
remote	0.091*** (0.014)	0.029*** (0.004)	0.355*** (0.036)	0.377*** (0.036)
culture	-0.161 (0.174)	-0.41 (-0.051)	-2.42*** (0.451)	-2.147*** (0.444)
political	-0.068*** (0.011)	-0.022*** (0.003)	-0.114*** (0.026)	-0.098*** (0.026)
NN	0.346** (0.348)	0.118*** (0.044)	1.357*** (0.387)	1.151*** (0.381)
NS	0.442*** (0.148)	0.133*** (0.031)	1.77*** (0.277)	1.526*** (0.274)
totalnum				0.094*** (0.012)
常数项	-2.017** (0.96)	-0.463 (-1.870)	21.74*** (2.381)	19.59*** (2.357)
N	1711	1711	1711	1711
Pseudo_R^2/R^2	0.248	0.415	0.544	0.560

欧盟成员国地理位置毗邻，经济发展水平和数字贸易开放程度相仿，通常作为一个整体参与数字贸易谈判，对外的数字贸易条款签署行为具有一致性。本文剔除了 27 个欧盟成员国数据，对 35 个非欧盟国家的截面数据分别进行了 Logit、Probit、LPM 和最小二乘估计（如表 5 所示），具体分析过程与上述基准回归和稳健性检验思路一致。值得注意的是，数字贸易限制水平（DTRI）变量前回归系数仍显著为负，数字基础设施（mobile）、市场规模（lngdppsum）变量前回归系数显著为正。两国间地理距离（lndist）的回归系数表现为正，并呈现出一定的稳健性，文化差异（culture）同样表现出正相关趋势。这一现象表明，在欧盟成员国之外的国家，数字贸易有利于加强相距较远、文化差异较大的国家间经济联系和贸易往来。国家间的数字产品

与服务贸易可以通过数字贸易平台，实现高效往来和利益互换，而地理距离和文化差异导致的成本因素在数字贸易往来和协定签署中的作用微乎其微。数字贸易条款成为加强国家间政治经济联系、加强全球数字贸易自由化和经济一体化的有力手段。

表 5 非欧盟国家的回归结果

被解释变量	PTA			PTAnum	
变量	(8) Logit	(9) Probit	(10) LPM	(11) OLS	(12) OLS
DTRI	-4.589*** (0.825)	-2.509*** (0.445)	-0.654*** (0.117)	-0.621*** (0.132)	-0.593*** (0.132)
mobile	0.969** (0.449)	0.607** (0.264)	0.171** (0.078)	0.205** (0.088)	0.166* (0.089)
lngdppsum	0.397*** (0.138)	0.257*** (0.082)	0.081*** (0.025)	0.105*** (0.028)	0.102*** (0.028)
lndist	0.401*** (0.123)	0.250*** (0.074)	0.060*** (0.021)	0.065*** (0.024)	0.076*** (0.024)
remote	0.105*** (0.027)	0.065*** (0.016)	0.017*** (0.005)	0.022*** (0.005)	0.025*** (0.005)
culture	0.379 (0.316)	0.222 (0.188)	0.080 (0.058)	0.140** (0.065)	0.147** (0.065)
political	-0.103*** (0.020)	-0.060*** (0.011)	-0.019*** (0.003)	-0.020*** (0.004)	-0.019*** (0.004)
NN	0.377 (0.285)	0.212 (0.170)	0.074 (0.054)	0.060 (0.061)	0.044 (0.061)
NS	0.410** (0.202)	0.222* (0.118)	0.063* (0.036)	0.036 (0.040)	0.024 (0.040)
totalnum					0.006*** (0.002)
常数项	-9.271*** (1.866)	-5.910*** (1.106)	-1.194*** (0.319)	-1.545*** (0.360)	-1.663*** (0.360)
N	1386	1386	1386	1386	1386
Pseudo_R^2/R^2	0.109	0.108	0.118	0.107	0.114

（三）异质性分析

本文对发达国家和发展中国家进行分组回归，表 6 中第（13）和（14）

列分别为发达国家主导的数字贸易条款的Logit和Probit模型回归结果，即北北国家对和北南国家对谈判签署数字贸易条款的主要影响因素；第（15）和第（16）列分别为发展中国家之间谈判签署数字贸易条款的Logit和Probit模型回归结果，即南南国家对谈判签署数字贸易条款的主要影响因素。对比结果可以发现，在发达国家主导的数字贸易条款谈判进程中，两国市场规模、地理距离、文化差异和数字基础设施水平都不对谈判结果产生显著影响和决定作用，发达国家更加看重两国的数字贸易限制和自由化水平，以及政治距离因素。发展中国家之间谈判签署数字贸易条款时，更加注重两国市场规模、文化差异、数字贸易限制和数字基础设施水平，而地理距离和政治距离没有显著的影响作用。总结而言，地理距离对发达国家、发展中国家签署的数字贸易条款均不产生显著影响，数字贸易限制和自由化水平对发达国家、发展中国家签署的数字贸易条款均产生显著影响。除此之外，发达国家更加看重政治距离因素，发展中国家对政治距离因素关注不大，但关注市场规模、文化差异、数字基础设施等内容。

表6　　　　发达国家与发展中国家回归结果

变量	发达国家		发展中国家	
	(13) Logit	(14) Probit	(15) Logit	(16) Probit
DTRI	-4.938*** (0.994)	-2.635*** (0.542)	-7.474*** (1.557)	-3.742*** (0.789)
mobile	0.504 (0.553)	0.319 (0.325)	1.307* (0.720)	0.749* (0.411)
lngdppc	-0.177 (0.147)	-0.105 (0.088)	0.885*** (0.225)	0.541*** (0.128)
lndist	-0.041 (0.125)	-0.022 (0.073)	-0.117 (0.182)	-0.051 (0.108)
remote	0.198*** (0.031)	0.119*** (0.018)	0.148*** (0.044)	0.089*** (0.026)
culture	0.553 (0.361)	0.341 (0.214)	-1.613*** (0.594)	-0.917*** (0.341)
political	-0.167*** (0.021)	-0.099*** (0.012)	-0.031 (0.040)	-0.018 (0.023)
常数项	2.523 (2.114)	1.417 (1.260)	-9.046*** (2.936)	-5.746*** (1.676)
N	1246	1246	465	465
Pseudo_R^2	0.252	0.251	0.218	0.212

（四）模型预测

根据上述建立的 Logit 和 Probit 二元模型，使用倾向得分匹配法，预测最有可能签署数字贸易条款的国家对样本，并与现实签订情况作比较。由于 Logit 和 Probit 二元模型的预测结果具有高度一致性，故本文仅展示 Logit 模型的预测结果。表 7 展示了 PSM 得分前 20 名的国家对，以及两国的数字贸易条款签署情况。由此可知，PSM 得分前 20 名的国家对中，有 15 对国家之间达成了数字贸易条款，模型预测吻合度达 75%，预测效果良好。

表 7 PSM 得分前 20 名国家

排名	国家 1	国家 2	PSM 得分	有无数字贸易条款
1	丹麦	芬兰	0.932019	是
2	卢森堡	英国	0.928215	否
3	瑞典	瑞士	0.926329	否
4	丹麦	瑞典	0.924805	是
5	芬兰	瑞典	0.924078	是
6	卢森堡	瑞典	0.923814	是
7	卢森堡	荷兰	0.919946	是
8	奥地利	瑞典	0.918896	是
9	卢森堡	瑞士	0.917906	否
10	爱尔兰	卢森堡	0.917358	是
11	奥地利	卢森堡	0.916319	是
12	捷克	卢森堡	0.916048	是
13	冰岛	爱尔兰	0.915168	是
14	丹麦	卢森堡	0.910886	是
15	荷兰	瑞典	0.908673	是
16	奥地利	荷兰	0.907145	是
17	爱沙尼亚	瑞典	0.905595	是
18	挪威	瑞典	0.904515	是
19	丹麦	瑞士	0.904473	否
20	瑞士	英国	0.903782	否

通过计算一国与其他国家的 PSM 得分平均值，衡量一国签订数字贸易条款的意愿，具体得分和排名如表 8 所示。其中，文莱、哥斯达黎加、韩国、塞浦路斯和巴拉圭五个国家由于数据缺失，未参与得分计算和排名。由表可知，数字贸易条款签署意愿最高的国家是卢森堡、瑞士、意大利、奥地利等

欧洲国家，签署意愿最低的国家包括中国、尼日利亚、巴基斯坦、印度等亚洲国家。中国是数字贸易条款签署意愿最低的国家，主要原因在于中国采取了一系列较为严苛的数字贸易限制措施，以规范和保护本国数字贸易产业发展。根据 ECIPE 公布的数字贸易限制指数，中国是数字贸易限制指数最高的国家。

表 8　数字贸易条款的签署意愿排名

排名	国家	PSM 平均得分	排名	国家	PSM 平均得分
1	卢森堡	0.6053	30	美国	0.5033
2	瑞士	0.5938	31	罗马尼亚	0.4964
3	意大利	0.5883	32	以色列	0.4940
4	奥地利	0.5775	33	日本	0.4764
5	比利时	0.5762	34	加拿大	0.4700
6	丹麦	0.5760	35	新加坡	0.4292
7	立陶宛	0.5750	36	澳大利亚	0.4287
8	瑞典	0.5737	37	智利	0.4070
9	英国	0.5653	38	巴拿马	0.4015
10	爱尔兰	0.5599	39	马来西亚	0.3589
11	斯洛文尼亚	0.5576	40	哥伦比亚	0.3290
12	爱沙尼亚	0.5576	41	秘鲁	0.3247
13	斯洛伐克	0.5551	42	南非	0.3044
14	捷克	0.5533	43	土耳其	0.3027
15	芬兰	0.5524	44	泰国	0.2814
16	荷兰	0.5497	45	菲律宾	0.2802
17	西班牙	0.5476	46	新西兰	0.2734
18	波兰	0.5449	47	阿根廷	0.2714
19	马耳他	0.5398	48	墨西哥	0.2705
20	葡萄牙	0.5386	49	厄瓜多尔	0.2686
21	德国	0.5333	50	巴西	0.2245
22	冰岛	0.5295	51	印度尼西亚	0.2125
23	拉脱维亚	0.5289	52	俄罗斯	0.1994
24	挪威	0.5264	53	越南	0.1929
25	希腊	0.5238	54	印度	0.1886
26	匈牙利	0.5227	55	巴基斯坦	0.1703
27	克罗地亚	0.5202	56	尼日利亚	0.1457
28	保加利亚	0.5051	57	中国	0.1244
29	法国	0.6053			

最后，本文对中国未来可能与哪些国家达成数字贸易条款进行预测，最有可能与中国达成数字贸易条款的 20 个国家如表 9 所示。目前，中国已经与新加坡和韩国签署了数字贸易条款。由表 9 可知，中国选择数字贸易条款伙伴时，更倾向于地理位置毗邻、政治关系友好、贸易往来密切的亚洲国家，如俄罗斯、越南、泰国、印度尼西亚、马来西亚等。

表 9 中国的数字贸易条款伙伴关系选择

序号	国家	Logit 得分	Probit 得分	平均得分
1	俄罗斯	0. 4205	0. 4506	0. 4355
2	越南	0. 2936	0. 3253	0. 3095
3	泰国	0. 2887	0. 3319	0. 3103
4	印度尼西亚	0. 2874	0. 3186	0. 3030
5	马来西亚	0. 2146	0. 2531	0. 2339
6	印度	0. 2084	0. 2325	0. 2204
7	韩国	0. 2002	0. 2399	0. 2201
8	巴基斯坦	0. 1197	0. 1395	0. 1296
9	菲律宾	0. 0956	0. 1171	0. 1063
10	土耳其	0. 0921	0. 0988	0. 0955
11	新加坡	0. 0902	0. 1192	0. 1047
12	日本	0. 0892	0. 1138	0. 1015
13	巴西	0. 0871	0. 0925	0. 0898
14	阿根廷	0. 0859	0. 0932	0. 0896
15	以色列	0. 0840	0. 1072	0. 0956
16	法国	0. 0692	0. 0735	0. 0713
17	德国	0. 0509	0. 0515	0. 0512
18	南非	0. 0488	0. 0498	0. 0493
19	意大利	0. 0433	0. 0444	0. 0439
20	匈牙利	0. 0326	0. 0299	0. 0312

六、结论与建议

全球数字贸易规则的制定与重构成为国际新一轮贸易谈判和规则竞争的焦点，受到多边和区域层面的广泛关注。全球数字贸易规则谈判的影响因素包括两国市场规模、地理因素、文化因素、数字贸易限制因素、数字基础设施和政治距离。从总体来看，两国市场规模越大，地理距离越近，与世界上其他国家的地理距离越远，文化差异和心理距离越小，由此产生的距离成本越低，两国间经济联系和贸易往来相对密切，越有可能达成数字贸易条款。然而对数字贸易条款而言，传统经济地理因素的影响作用日益减弱，数字贸易条款更多受到数字贸易限制因素和政治距离的影响，一国在签署数字贸易条款时，倾向于选择与本国具有相近数字贸易限制水平和开放程度的国家；同时，两国政治距离越大，越不利于签署数字贸易条款，各国倾向于与政治相似度高的国家签署数字贸易条款。不同的政治因素和数字贸易限制因素对数字贸易规则谈判签署的影响具有差异。本文还预测了未来中国签署数字贸易条款可能选择的贸易伙伴。在本文的62个样本国家之中，中国是数字贸易条款签署意愿最低的国家，采取了一系列严苛的数字贸易限制措施，以规范和保护本国数字贸易产业发展。中国选择数字贸易规则伙伴时，更倾向于地理位置毗邻、政治关系友好、贸易往来密切的亚洲国家。

从全球范围来看，目前协调统一的全球数字贸易规则体系仍尚未形成，建立全球统一的全球数字贸易规则任重而道远。WTO多边贸易机制是构建全球数字贸易的绝佳场所，同时需要立足区域实践、勇于创新、各具特色的区域经济组织献计献策，形成多边数字贸易规则与区域数字贸易规则的良性互动，助力全球数字贸易规则建设；需要参考和借鉴TPP、TTIP、TISA等超大型、高水平自由贸易协定的有益尝试和先进做法，通过整合多方力量、多个层次的作用和智慧，互为补充，不断完善，弥补全球数字贸易规则的缺失，保持自身先进性；需要形成数字贸易国际规则与国内立法的良性互动，各国应当积极参与到全球数字贸易谈判中来，为构建全球数字贸易规则献计献策，同时要积极践行国际规则，不断调整和优化本国做法；需要总结和推广数字贸易领域成熟的商业实践，将习惯性商业做法形成共同原则或规则框架，并上升至全球数字贸易规则的层面，不断推动全球数字贸易规则的制定进程，向打造数字贸易人类命运共同体的目标不断迈进。

在全球数字贸易规则谈判进程中，中国应当立足于自身产业比较优势，致力于推动跨境货物贸易便利化，制定弥合数字鸿沟的中国方案，不断完善国内数字贸易规则体系，不断推进全球数字贸易规则谈判进程。具体而言，中国应当努力把握发展契机，鼓励平台企业参与到跨境货物贸易便利化合作框架搭建中来，为跨境电子商务发展扫清障碍和壁垒，让更多中小企业参与到跨境电子商务中来，共享数字经济发展红利；应当致力于探讨形成弥合数字鸿沟的中国方案，基于“数字丝绸之路”设想，加强沿线国家的信息基础设施建设，不断缩小发展差距，弥合数字鸿沟；应当借鉴美国、英国等发达国家的数字贸易立法经验，立足本国发展实践，积极推动数字贸易国内立法，加大政策创新力度，简化数字贸易运作流程，为跨境电商新业态提供试点区域，探索形成多方协同共建、相互制约、相互监督的监管机制，营造公平公正的数字贸易市场环境，努力推进全球数字贸易规则谈判进程。

参考文献

[1] 陈靓:《数字贸易自由化的国际谈判进展及其对中国的启示》，载《上海对外经贸大学学报》2015 年第 3 期。

[2] 龚柏华:《论跨境电子商务/数字贸易的“eWTO”规制构建》，载《上海对外经贸大学学报》2016 年第 6 期。

[3] 桂畅旎:《美欧跨境数据传输〈隐私盾协议〉前瞻》，载《中国信息安全》2016 年第 3 期。

[4] 韩剑、蔡继伟、许亚云:《数字贸易谈判与规则竞争——基于区域贸易协定文本量化的研究》，载《中国工业经济》2019 年第 11 期。

[5] 李海英:《数据本地化立法与数字贸易的国际规则》，载《信息安全研究》2016 年第 9 期。

[6] 马述忠、房超、梁银锋:《数字贸易及其时代价值与研究展望》，载《国际贸易问题》2018 年第 10 期。

[7] 孙益武:《数字贸易与壁垒：文本解读与规则评析——以 USMCA 为对象》，载《上海对外经贸大学学报》2019 年第 6 期。

[8] 屠新泉、蒋捷媛:《深化《贸易便利化协定》，突破跨境电商规则困境》，载《国际贸易》2018 年第 2 期。

[9] 王惠敏、张黎:《电子商务国际规则新发展及中国的应对策略》，载《国际贸易》2017 年第 4 期。

[10] 王立武、杨柳:《美国自由贸易协定的电子商务条款探析》，载《亚太经济》2013 年第 6 期。

[11] 张茉楠:《全球数字贸易战略：新规则与新挑战》，载《区域经济评论》2018 年第 5 期。

[12] 周念利、陈寰琦:《数字贸易规则“欧式模板”的典型特征及发展趋向》，载《国际经贸探索》2018 年第 3 期。

[13] 周念利、李玉昊、刘东:《多边数字贸易规则的发展趋向探究——基于 WTO 主要成员的最新提案》，载《亚太经济》2018 年第 2 期。

[14] Aaronson S. A., 2016: The Digital Trade Imbalance and its Implications for Internet Governance, *Centre for International Governance Innovation.*

[15] Baier, S. L. and Bergstrand J. H., 2004: Economic Determinants of Free Trade Agreements, *Journal of international Economics*, Vol. 64, No. 1.

[16] Burri M., 2015: The International Economic Law Framework for Digital Trade, *Zeitschrift für Schweizerisches Recht*, Vol. 135.

[17] Fefer, R. F., Akhtar S. I., and Morrison W. M., 2017: Digital Trade and US Trade Policy, *Current Politics and Economics of the United States, Canada and Mexico*, Vol. 19, No. 1.

[18] Freund, C. L. and Weinhold, D., 2004: The Effect of the Internet on International Trade, *Journal of International Economics*, Vol. 62, No. 1.

[19] Lendle, A., Olarreaga M., and Schropp S., 2016: There Goes Gravity: eBay and the Death of Distance, *The Economic Journal*, Vol. 126, No. 591.

[20] Mark W., 2017: Digital Trade – Related Provisions in Regional Trade Agreements: Existing Models and Lessons for the Multilateral Trade System, *International Centre for Trade and Sustainable Development (ICTSD) and the Inter – American Development Bank, Geneva, Switzerland.*

[21] Meltzer J. P., 2014: Supporting the Internet as a Platform for International Trade: Opportunities for Small and Medium – Sized Enterprises and Developing Countries. *Available at SSRN* 2400578.

[22] Meltzer J. P., 2016: Maximizing the Opportunities of the Internet for International Trade, *SSRN Working Paper*, No. 2841913.

Research on Influencing Factors of Negotiations on Global Digital Trade Rules, and Trade Partnership Options

Shuzhong Ma　Jinfei Wang　Xueyao Guo

Abstract: With the innovation and development of information and communication technology, trade is undergoing a profound transformation of "digitalization". Digital trade promotes the rapid transformation and vigorous development of international trade patterns. At the same time, digital trade has formed a powerful impact and severe challenge on the existing international trade rules. The formulation and reconstruction of global digital trade rules has become the focus of a new round of international trade negotiations and rules competition. Based on the data of 62 countries in the WTO trade agreement database, this paper conducts empirical testing, explores the influencing factors of global digital trade rule negotiation, and judges possible global digital trade rule negotiation partners, in order to supplement the existing literature on digital trade rule negotiation. The research results show that the main factors affecting the negotiation of global digital trade rules are the economic geography, political culture and infrastructure of the two countries. The practical significance of the research in this article lies in: On the one hand, by refining and summarizing the positions and focal differences of countries around the world, so as to promote the realization of mutual benefit and win-win in the global digital trade rule negotiation; On the other hand, it is conducive to China based on a global perspective and better play its role and advantages in the construction of global digital trade rules.

Keywords: Global Digital Trade　Global Digital Trade Rules　Trade Partnership
JEL Classification: F13　F53

期刊评级会加剧论文发表的拥挤程度吗？
——基于中国经济类学术期刊的实证研究

陈艳莹　张子贞　张小凡*

摘　要：针对近年来中国的学术评价体系日益被论文发表的期刊等级所左右的现象，本文创新性地考察了期刊评级这一外生的制度因素通过扭曲高质量和低质量论文作者的投稿行为，加剧学术期刊论文发表拥挤程度的作用机理，并以中国经济类152本学术期刊为样本，对理论模型得出的结论进行了细致的实证检验。研究发现，当学术评价体系“以刊代文”程度较高时，期刊评级制度会导致进入评级榜单的学术期刊发表周期延长；期刊所进入的评级榜单在学术评价中的溢价越高，拥挤程度上升幅度越大；榜单中相对质量越低的期刊，被评级收录对其论文发表周期的延长效应越明显，容易诱发这类期刊的机会主义行为。提高学术期刊市场的发表效率，必须切实落实“破五唯”的战略任务，扭转目前学术评价中过度强调期刊等级和比拼论文数量的倾向，特别要弱化期刊的质量认证功能，完善学术论文质量的同行评议机制。

关键词：学术期刊　期刊评级　发表周期　认证效应　双向固定效应

一、引　言

近二十年来，国际上流行的学术期刊评级制度在中国获得了快速发展。在经济学科领域，目前已经有北大中文核心期刊目录、中国社会科学引文索引期刊目录（CSSCI），以及2018年刚刚推出的中国人文社会科学期刊A刊三种不同的评级系统。

作为知识传播的重要载体，学术期刊需要尽快遴选出有价值的研究成果。理论上，期刊评级将不同期刊的质量差异显性化，可以消除投稿过程中

* 本文受教育部人文社科基金项目“激励不相容下中国绿色认证机制的市场效应与优化路径研究”（18YJA790012）资助。
感谢匿名审稿人的专业意见！
陈艳莹：大连理工大学经济管理学院；地址：辽宁省大连市甘井子区凌工路2号大连理工大学经济管理学院，邮编：116024；E-mail：yychen@dlut.edu.cn。
张子贞：大连理工大学经济管理学院；地址：辽宁省大连市甘井子区凌工路2号大连理工大学经济管理学院，邮编：116024；E-mail：987895189@mail.dlut.edu.cn。
张小凡：大连理工大学经济管理学院；地址：辽宁省大连市甘井子区凌工路2号大连理工大学经济管理学院，邮编：116024；E-mail：602090968@qq.com。

论文与期刊的质量匹配摩擦，提高学术期刊市场的发表效率。但在现实当中，当一本期刊被遴选进入评级榜单后，论文的发表周期却往往会迅速提高，被评级榜单淘汰之后发表周期则会大幅下降。比如，《审计与经济研究》在2010年进入CSSCI后，论文的平均发表周期由3.8个月迅速上升为6.1个月并且在此后逐年递增；而同年退出CSSCI的《商业研究》，平均发表周期则由此前的11.7个月迅速下降为5.1个月①。不仅如此，被评级收录的期刊与普通期刊在论文发表周期上的差异持续存在，而且不断扩大②。这也不符合经济学的直观逻辑。由于作者在投稿时都希望论文能够尽快发表，当一本期刊的相对发表周期上升时，投到该期刊的稿件会减少，发表周期相对较短的期刊收到的稿件会增多，因此，不同期刊的发表周期正常应当随时间推移趋于收敛。上述现象使我们思考，由西方舶来的期刊评级制度是否会加剧中国学术期刊的论文发表拥挤程度，内在的作用机理又是什么？回答这些问题有助于系统认识评级制度对中国学术期刊市场运行效率的影响，为政府、高校和科研机构全面落实破“五唯”的战略任务③，改进现行的学术评价模式提供政策依据。

学术期刊评级起源于20世纪30年代的美国。作为图书馆采购纸质期刊时的重要依据，期刊评级的原始目的是筛选出利用率高的期刊，以减少图书馆订阅成本和读者搜寻成本。不过，20世纪90年代中国引入这一制度之后，期刊评级逐步被异化为国内学术评价中的重要信号显示机制（郭鹏，2007）。高校和科研机构普遍直接用论文发表的期刊等级来衡量论文的质量，作为职称评聘、绩效工资发放和研究生毕业资格审核的依据（刘海洋等，2012）。学术期刊版面有限，在提供论文发表服务时天然存在严重的生产能力约束。由于论文发表在普通期刊对学术评价的贡献几近于零，因此，由期刊评级催生出的“以刊代文”型学术评价模式事实上缩小了中国“有效”学术期刊版面的供给数量，很可能会通过扭曲不同质量论文作者的投稿行为加剧被评级榜单收录期刊的论文发表拥挤程度，并引发以2018年被曝光的CSSCI检索期刊《求索》主编滥用职权为代表的学术腐败行为。

沿着这一思路，本文将构建理论模型，从学术评价过程中“以刊代文”程度对作者投稿行为的影响入手，考察不同均衡状态下期刊评级对论文发表拥挤程度的影响机制，并以我国152本经济类学术期刊为样本进行实证检验。具体说来，我们的研究发现，当学术评价中“以刊代文”程度较高时，期刊评级会使低质量和高质量两类论文作者的投稿行为都发生扭曲，导致被评级收录期刊的论文发表周期延长。这里的扭曲包括三方面：一是低质量论

① 本文研究以经济学期刊为例，但在其他学科的期刊中，也存在同样的现象。

② 具体信息详见本文实证部分的描述性统计。

③ 具体参见2021年1月人力资源社会保障部、教育部印发的《关于深化高等学校教师职称制度改革的指导意见》。

文作者会为了获取评级溢价而大量向被评级收录期刊进行策略性投递，如果不存在期刊评级和评级溢价，那么这部分作者原本不会去投递这类期刊；二是即便要等待很长时间才能发表，高质量论文的作者也不会向未被评级收录的普通期刊进行投递，这不仅会削弱学术期刊发表周期的自我调节机制，也固化了期刊间的质量差异；三是由于发表在同一评级榜单上的任一本期刊所能获得的评级溢价均相同，作者会更多选择向榜单中排名靠后、容易发表的期刊投稿，造成评级榜单中的边缘性期刊拥挤程度上升幅度更大，容易诱发这类期刊的机会主义行为。

由于学术期刊发表周期延长会削弱知识传播的时效性，国外已有很多研究基于微观经济模型来考察这一现象的成因和治理对策，但视角普遍集中于编辑（Ellison，2002a；Leslie，2005；Azar，2006；Azar，2007）和审稿人（Prüfer et al.，2010；Hirshleifer，2015；Kohlgruber and Kuzmics，2017；Baghestanian and Popov，2018）在论文审稿中的策略性行为导致的首次答复延长和过度修改等方面，目前尚没有文献分析期刊评级这一外生于期刊个体的制度性因素会如何影响学术期刊的论文发表拥挤程度。此外，相关的实证研究也非常匮乏，仅有 Ellison（2002b）以1970～2000年美国6本顶级经济学期刊为样本，证实了知识生产边际成本上升提高了文字撰写水平在论文质量评价中的权重，论文在提交后用于文字修改和润色的时间增加导致论文发表周期上升。

与本文思路部分相近的文献有两篇。贝赞司诺等（Besancenot et al.，2014）构建了一个期刊编辑、审稿人和论文作者的发表博弈模型，证明当期刊发表相对于出版专著的超额回报高于一个阈值时，低质量论文作者会大量向录用标准高于其论文真实质量的学术期刊进行投稿，导致期刊发表周期延长。该文虽注意到不同发表方式在学术评价中的相对回报差异会影响作者投稿行为，但是其将作者投稿策略限定在专著和期刊之间，而本文关注的则是论文作者在被评级收录和未被评级收录两类期刊间，以及同一评级榜单中发表难度存在差异的不同期刊间的投稿选择。由于专著并不是作者参与学术评价的主要形式，论文发表的期刊等级却越来越重要，因此我们的理论模型更加贴合实际，能更好地解释不同期刊发表周期的差异以期刊的机会主义行为。吉普森等（Gibson et al.，2014）以美国加州大学系统经济学专业教师为样本，实证检验了经济学科的各种期刊评级项目对劳动力市场工资水平的影响，发现没有在前5本顶级期刊发表过论文会使教师的工资水平下降5%到7%。该研究证实了期刊评级确实会影响论文作者的学术评价回报，不过没有进一步分析评级制度的存在是否会加剧学术论文发表的拥挤程度。

在国内方面，针对学术期刊的经济学研究数量很少。王军（2010）以五本典型期刊为样本对中国经济学学术期刊质量的动态演化趋势进行了定量评价。刘瑞明、赵仁杰（2017）基于双重差分法的实证检验发现，匿名审稿制度提高了中国经济类学术期刊的质量。郭峰、李欣（2017）利用 2001 年至 2012 年 12 种中国经济学权威期刊的数据证实，期刊编辑部偏爱该期刊隶属单位研究人员形成的“关系稿”引用率和下载率都低于其他论文。目前，还没有研究关注中国学术期刊发表周期上升的原因。虽然有部分出版学专业的学者分析了中国目前学术期刊评级制度存在的问题（李艳，2015；朱剑，2016；高耀等，2015），但对于评级制度如何影响学术期刊市场的运行效率至今尚没有研究涉及。

相对于现有研究，本文的边际贡献主要有三方面：第一，首次构建理论模型考察了期刊评级这一外生的制度因素通过扭曲作者投稿行为加剧期刊发表拥挤程度的作用机理，拓展了有关学术期刊发表周期延长成因的研究；第二，本文不仅证明了进入评级榜单会导致期刊的论文发表周期延长，还分析了评级溢价和同一评级榜单中不同期刊的相对质量差异对这种拥挤效应的调节作用，为解释学术期刊的机会主义行为提供了一个新视角，特别是可以解释为什么中国现阶段 CSSCI 榜单中排位靠后的期刊会学术腐败频发。第三，本文以中国经济类 152 本期刊为样本，对理论模型得出的结论进行了细致的实证检验，弥补了该领域缺少大样本实证研究的不足。除上述三方面理论贡献之外，本文对于政府和学术界客观审视期刊评级制度的负面效应和优化学术评价模式也具有重要指导意义。

本文的结构安排如下。第一部分为引言，第二部分为理论模型和假说的提出，第三部分为实证数据和方法，第四部分为实证结果，第五部分为政策建议。

二、理论模型

（一）基本假设

假定学术期刊市场上存在期刊评级制度，如 CSSCI“遵循定量与定性相结合”的方法“精选出学术性强、编辑规范的期刊作为来源期刊”①。因为这一评级制度，期刊被区别为收录期刊 A 和未被收录期刊 B。尽管期刊评级结果能否代表期刊真实质量存在争议，但是一本期刊入选社会所公认的期刊评级系统至少在一定程度上说明其在评级所考察的指标方面优于未入选期刊，因此我们假定评级收录期刊 A 的录用标准高于非评级收录期刊 B。

学术评价者包括高校和科研机构负责职称评审、绩效评定和学位授予等工作的管理者，以及各类基金项目和帽子人才的评审者。他们依据发表论文的质量对作者的学术水平进行评价，并作出是否给予职称、奖励、学位、基

① 具体标准参见 http：//cssrac. nju. edu. cn/a/cpzx/zwshkxwsy/sjkj/20160226/1141. html。

金和称号的决策。

假设待发表的论文总量为 1，按照真实质量分为高质 q_H 和低质 q_L 两类，前者在全部论文中占比为 $\mu(\mu<0.5)$；后者占比为 $1-\mu$，并且 $q_H>q_L$。为最大化自身效用，作者具有向录用标准高于论文真实质量的好期刊进行策略性投递的动机。由于审稿的偏差和特殊关系等原因，低质论文也有可能被评级收录期刊 A 发表，高质论文则有可能被期刊 A 拒绝而不得不发表在非评级收录期刊 B 上（Besancenot et al.，2011）。假定高质论文发表在期刊 A 的比例为 α，发表在期刊 B 的比例为 $1-\alpha$；低质论文发表在期刊 A 和期刊 B 的比例分别为 β 和 $1-\beta$。出于简化，本文假设发表比例正比于投稿比例，即 α（或 β）越大，则高（或低）质论文作者选择投递评级收录期刊 A 的比例越高，反之亦然①。

（二）作者效用函数

参考海因策尔曼和诺切蒂（Heintzelman and Nocetti，2009）的研究，本文假定作者投稿的效用为发表难度与论文发表后参与学术评价时预期评价质量的乘积。用 δ 表示作者在考虑了论文投递目标期刊的被接受概率以及被拒绝所带来的心理成本和机会成本等因素后，主观形成的发表难度系数。令 $\delta\in(0,1)$，δ 越小，表示作者认为发表难度越大，投稿效用越低。显然，无论对于高质还是低质论文，能够被评级收录期刊 A 发表的难度都高于非评级收录期刊 B，因此有 $\delta_{iA}<\delta_{iB}(i=H,L)$。

论文的预期评价质量包括两部分：一是论文的真实质量水平 q，二是由论文所发表期刊声誉决定的论文感知质量 $E(q\mid j)$，$j=A$，B。正常情况下，期刊的声誉由期刊以往发表论文的平均质量决定。当存在期刊评级时，是否被评级收录成为学术评价者直观判断期刊质量进而形成对论文感知质量的重要依据。假设发表在评级收录期刊 A 的论文感知质量存在评级溢价 θ，定义示性函数 $1_j=\begin{cases}1, & j=A\\0, & j=B\end{cases}$。对作者而言，论文的真实质量和感知质量可相互替代（Besancenot and Vranceanu，2014）。由于信息不对称，学术评价者需要付出很高成本才能准确识别一篇论文的真实质量，论文发表在什么样的期刊则是一个显性信息。我们假定在学术评价过程中，评价者对期刊声誉的依赖程度或者说“以刊代文”的程度为 λ，$0<\lambda<1$，即由期刊声誉决定的论文感知质量在论文的评价质量中占比为 λ，论文真实质量的占比为 $1-\lambda$，可以得到作者向不同期刊投稿的效用函数为：

① 推导过程略。一个直观的解释是：虽然低质量论文投递评级收录期刊 A 时被拒的可能性较大，但是随着低质量论文投递评级收录期刊 A 的比例上升，可能造成评级收录期刊 A 审稿精度下降（Besancenot，2009）以至于低质量论文被错误发表在评级收录期刊 A 的比例上升。

$$U^i(j)=\delta_{ij}\{(1-\lambda)q_i+\lambda[E(q|j)+1_j\theta]\}=\delta_{ij}\{q_i+\lambda[E(q|j)+1_j\theta-q_i]\},\quad i=H,\ L;\ j=A,\ B \tag{1}$$

当不存在期刊评级制度时，不同期刊的质量差异没有明确和统一的判定依据，即便学术评价者有“以刊代文”的动机，也无法将其以制度化的方式正式纳入学术评价的指标体系中，发表在不同期刊上的论文可以“英雄不问出身”，学术评价更多比拼的是论文真实质量。期刊评级将不同期刊直观分为“好”期刊和“差”期刊两类，并且这种评级来自第三方机构，为学术评价中“以刊代文”提供了合法性。因此，期刊评级的出现会提高学术评价者“以刊代文”的程度，使式（1）中 λ 值变大，作者投稿效用中，由期刊等级决定的感知质量所占比重会上升。

（三）均衡分析

假定期刊的评级结果是外生给定的，接下来求解论文作者与学术评价者之间博弈的完美贝叶斯均衡。

1. 条件概率和作者效用

首先计算论文感知质量和作者效用函数。根据贝叶斯法则，给定论文发表结果 $S\in\{A,\ B\}$，则两本期刊所发表的论文真实质量为高质的条件概率分别为：

$$P(q_H|A)=\frac{P(A|q_H)P(q_H)}{P(A|q_H)P(q_H)+P(A|q_L)P(q_L)}=\frac{\alpha\mu}{\alpha\mu+\beta(1-\mu)} \tag{2}$$

$$P(q_H|B)=\frac{P(B|q_H)P(q_H)}{P(B|q_H)P(q_H)+P(B|q_L)P(q_L)}=\frac{(1-\alpha)\mu}{(1-\alpha)\mu+(1-\beta)(1-\mu)} \tag{3}$$

那么不包含评级溢价 θ 的由期刊声誉决定的论文感知质量分别为：

$$E(q|A)=\frac{\alpha\mu q_H+(1-\mu)\beta q_L}{\alpha\mu+(1-\mu)\beta} \tag{4}$$

$$E(q|B)=\frac{(1-\alpha)\mu q_H+(1-\beta)(1-\mu)q_L}{(1-\alpha)\mu+(1-\mu)(1-\beta)} \tag{5}$$

容易看出，$q_L<E(q|j)<q_H$，$j=A,\ B$，说明由期刊声誉决定的论文感知质量小于高质论文的真实质量，但大于低质论文的真实质量。此外，还可以发现，当高质论文发表在期刊 A 的比例高于低质量论文的发表比例，即 $\alpha>\beta$ 时，$E(q|A)>E(q|B)$，反之亦然。由式（1）~式（5），容易计算得出：

$$U^H(A)=\delta_{HA}\left[q_H-\lambda\frac{(1-\mu)\beta(q_H-q_L)}{\alpha\mu+(1-\mu)\beta}+\lambda\theta\right] \tag{6}$$

$$U^H(B)=\delta_{HB}\left[q_H-\lambda\frac{(1-\mu)(1-\beta)(q_H-q_L)}{(1-\alpha)\mu+(1-\mu)(1-\beta)}\right] \tag{7}$$

$$U^L(A)=\delta_{LA}\left[q_L+\lambda\frac{\alpha\mu(q_H-q_L)}{\alpha\mu+(1-\mu)\beta}+\lambda\theta\right] \tag{8}$$

$$U^L(B)=\delta_{LB}\left[q_L+\lambda\frac{\mu(1-\alpha)(q_H-q_L)}{(1-\alpha)\mu+(1-\mu)(1-\beta)}\right] \tag{9}$$

直观上可以看出，学术评价者对期刊评级的依赖程度 λ 越大，低质量论文作者的整体效用越高，而高质量论文作者的整体效用增减不确定，并随评级溢价 θ 的变化而变化。这是因为，由式（1）可知，对于低质量论文作者而言，$\lambda[E(q|j)+1_j\theta-q_L]>0$，当 λ 变大时，学术评价更倾向于“以刊代文”，使得低质量论文的内在质量无人关注，由期刊声誉决定的高于其论文内在质量的感知质量占比上升，所以其效用上升。同样的，对于高质量论文作者而言，“以刊评文”的盛行（λ 变大）导致他们的效用函数中低于他们论文内在质量的感知质量部分逐渐占据主导，从而减少其整体效用，除非当其发表在评级收录期刊 A 所带来的评级溢价 θ 较大时，才有可能弥补这一效用损失。上述结论反映了学术评价者过于依赖期刊评级结果而不考察论文内在质量的评价方式对于不同论文质量作者的不公平影响。下面将在求解 3 种均衡状态后提出本文理论假说。

2. 分离均衡

考虑如下情形：高质量论文全部发表在评级收录期刊 A，低质量论文全部发表在非评级收录期刊 B，即 $\alpha=1$，$\beta=0$。此时条件期望值为 $E(q|A)=q_H$，$E(q|B)=q_L$。

根据前文假设，上述均衡的必要条件为，

$$U^H(A)>U^H(B)\Leftrightarrow\delta_{HA}(q_H+\lambda\theta)>\delta_{HB}[(1-\lambda)q_H+\lambda q_L] \tag{10}$$

$$U^L(A)<U^L(B)\Leftrightarrow\delta_{LA}[\lambda(q_H-q_L)+q_L+\lambda\theta)]<\delta_{LB}q_L \tag{11}$$

经过推导①可得，存在 $\lambda_1<\lambda_2$，使得当且仅当 $\lambda\in(\lambda_1,\lambda_2)$ 时，式（10）和式（11）同时成立，期刊市场处于分离均衡，高质量论文作者全部投递评级收录期刊 A，低质量论文的作者全部投递非评级收录期刊 B。此时，评级收录期刊 A 的拥挤程度，即论文发表周期的长短仅由高质量论文数量与评级收录期刊 A 版面数量的相对大小决定。

3. 混合均衡一

考虑如下情形：高质量论文全部发表在评级收录期刊 A，低质量论文同时发表在评级收录期刊 A 和非评级收录期刊 B，即 $\alpha=1$，$0<\beta<1$。此时由式（5）得条件期望值为 $E(q|B)=q_L$，$E(q|A)=\frac{\mu q_H+(1-\mu)\beta q_L}{\mu+(1-\mu)\beta}$。

根据前文假设，上述均衡的必要条件为，

$$U^H(A)>U^H(B)\Leftrightarrow\delta_{HA}\left\{(1-\lambda)q_H+\lambda\frac{\mu q_H+(1-\mu)\beta q_L}{\mu+(1-\mu)\beta}+\lambda\theta\right\}$$

① 过程较为烦琐，有意者可向作者索要。

$$>\delta_{HB}[(1-\lambda)q_H+\lambda q_L] \tag{12}$$

$$U^L(A)=U^L(B)\Leftrightarrow\beta=\frac{\mu}{1-\mu}\left[\frac{\lambda\delta_{LA}(q_H-q_L)}{\delta_{LB}q_L-\delta_{LA}(\lambda\theta+q_L)}-1\right] \tag{13}$$

将 λ_2 代入式（13）得 $\beta=0$，进一步推导①可得，存在 λ_3，使得当且仅当 $\lambda>\max\{\lambda_2,\lambda_3\}$ 时，式（12）和式（13）同时成立。另外，可得$\frac{d\beta}{d\lambda}>0$，$\frac{d\beta}{d\theta}>0$，$\frac{d\beta}{d\left(\frac{\delta_{LB}}{\delta_{LA}}\right)}<0$，说明学术评价者在评价作者发表论文质量时“以刊代文”程度 λ 和期刊评级溢价 θ 越高，评级收录期刊 A 与未收录期刊 B 的相对发表难度$\frac{\delta_{LB}}{\delta_{LA}}$越低，低质量论文作者策略性投递评级收录期刊 A 的比例越大。上述结论符合直觉，即作者投稿行为是在综合考虑了收益和成本之后做出的决策。发表在评级收录期刊的相对收益越大，难度越小，低质量论文的策略性投递就越多。这会大幅度增加被评级收录期刊的论文投稿数量，导致拥挤程度加剧，导发表周期延长。

4. 混合均衡二

考虑第二种混同均衡情形，即低质量论文全部发表在非评级收录期刊 B($\beta=0$)，高质量论文同时发表在评级收录期刊 A 和非评级收录期刊 B($0<\alpha<1$)。此时由式（5）得条件期望值为 $E(q\mid A)=q_H$，$E(q\mid B)=\frac{(1-\alpha)\mu q_H+(1-\mu)q_L}{(1-\alpha)\mu+(1-\mu)}$。

根据前文假设，上述均衡的必要条件为：

$$U^H(A)=U^H(B)\Leftrightarrow\alpha=1-\frac{1-\mu}{\mu}\left[\frac{\lambda\delta_{HB}(q_H-q_L)}{q_H(\delta_{HB}-\delta_{HA})-\lambda\delta_{HA}\theta}-1\right] \tag{14}$$

$$U^L(A)<U^L(B)\Leftrightarrow\delta_{LA}[(1-\lambda)q_L+\lambda(q_H+\theta)]$$

$$<\delta_{LB}\left[(1-\lambda)q_L+\lambda\frac{\mu(1-\alpha)q_H+(1-\mu)q_L}{\mu(1-\alpha)+(1-\mu)}\right] \tag{15}$$

将 λ_1 代入式（14）可得 $\alpha=0$，进一步推导②可得，存在 λ_4，使得当且仅当 $\lambda<\min\{\lambda_1,\lambda_4\}$ 时，式（14）和式（15）同时成立。另外，由式（14）可得$\frac{d\alpha}{d\lambda}>0$，$\frac{d\alpha}{d\theta}>0$，说明学术评价中“以刊代文”程度越严重，入选某一评级榜单在学术评价中给期刊带来的声誉溢价越明显，高质量论文作者越倾向于向评级收录期刊 A 投稿，向非评级收录期刊 B 的投稿比例越低。投稿比例与两本期刊相对发表难度之间的变化关系则取决于评级溢价 θ 的

---

① 过程较为烦琐，有意者可向作者索要。

② 证明过程可向作者索要。

大小。①

实际上，造成评级收录期刊论文发表周期延长的原因主要有两方面：一是高水平论文数量超出该期刊每期发表论文的版面上限，所以发表过程要经历漫长的排队等待；二是低质量论文策略性投递导致该期刊论文审稿和处理时间加长，即便这些论文最终被退稿，也会占用时间和审稿资源，造成发表周期延长。如果高质量论文作者向非评级收录期刊 B 投稿，那么会产生两个有利于全社会的合意结果：一是会提高一般期刊的论文质量，缩小不同期刊间的质量差距，帮助普通期刊成长为高水平期刊；二是会让高质量论文能够更早被读者看到，提高知识传播的效率，也有助于缓解高水平期刊的论文发表拥挤程度。但是，由上面的模型推导结果可以看到，如果学术评价者盲目追捧期刊评级结果，导致学术评价中更多看重的是论文发表的期刊等级而不是论文的真实质量，那么这一帕累托改进将无法实现，期刊评级通过市场分割会损害学术期刊市场的效率

（四）基于中国情境的理论假说

综合以上模型推导结果可以发现，参数 λ 的取值大小，即学术评价者在评价作者论文时对期刊评级结果的依赖程度是三种均衡的决定因素，具体包括三种情况：第一，当 $\lambda \in (\lambda_1, \lambda_2)$ 时，恰好出现高质量论文全部投递评级收录期刊、低质量论文全部投递未收录期刊的分离均衡，此时被评级收录期刊的拥挤程度仅由高质量论文与期刊版面的相对数量决定；第二，当 λ 较小并且不超过 $\min\{\lambda_1, \lambda_4\}$ 时，一部分高质量论文会投稿到未被评级收录的期刊，被评级收录的期刊论文发表拥挤程度会下降，发表周期会缩短；第三，当 λ 较大并且超过 $\max\{\lambda_2, \lambda_3\}$ 时，不仅要接收高质量论文的全部投稿，低质量论文也会大量向被评级收录的期刊进行策略性投稿，导致进入评级榜单的期刊论文发表拥挤程度上升，发表周期会延长。

显然，中国当前的学术期刊市场更符合最后一种情况，即“混同均衡一”的情形（刘海洋等，2012）。一方面，中国的学术评价部门往往对论文相关专业领域缺乏了解（朱剑，2016），而且直接对论文内容进行评价需要耗费较高的物力和人力成本；另一方面，直接通过论文发表期刊等级判定论文的质量恰好迎合了学术评价部门对论文作者进行量化考评时“客观公正”“标准统一”的利益诉求。因此在中国，“以刊代文”目前已经以制度化的形式成为“合理”的人才评审机制。以 CSSCI 为例，国内很多高校都将发表 C 刊论文作为研究生毕业的硬指标，将发表 C 刊论文数量直接与奖学金、职

① 证明过程可向作者索要。

称、帽子人才、课题结项等评审相挂钩①。包括“长江”“杰青”等在内的各种帽子人才的评选也非常看重论文发表的期刊等级。中国当前盛行的将期刊等级与论文质量等同的学术评价方式意味着上述模型中的 λ 值较大，因此，我们预期，在现阶段的中国，期刊评级会切断高质量论文作者为降低发表时滞而向非评级收录期刊投稿的可能，并引发低质量论文作者大量向被评级收录的期刊进行策略性投稿，从而会导致一本期刊进入评级榜单后，论文发表的拥挤程度将加剧，直观表现为发表周期的延长。据此提出如下假说：

假说 1：进入评级榜单会导致期刊的论文发表周期延长。

进一步地，本文的理论模型还表明，低质量论文投递进入评级榜单期刊的比例 β 随着评级溢价 θ 的增加而增加。具体到本文拟考察的中国经济类学术期刊而言，目前社会影响最大的期刊评级系统是北大中文核心和中国社会科学引文（CSSCI）。北大核心问世于 1992 年，是我国最早的期刊评级体系。CSSCI 于 1998 年推出，虽然出现较晚，但是来源期刊更少，动态调整周期更短，因此在大多数高校直接被用于学术评价（高耀等，2015）。对于国内论文作者而言，期刊被 CSSCI 收录相比北大核心的评级溢价 θ 更大，论文发表周期延长的幅度也会更大。本文据此提出假说 2：

假说 2：与北大核心相比，进入 CSSCI 会使期刊的论文发表周期更大幅度地延长。

另外，由“混同均衡一”的分析结果可知，低质量论文投递进入评级期刊的比例 β 随未进入评级期刊与进入评级期刊的相对发表难度系数 $\frac{\delta_{LB}}{\delta_{LA}}$ 的减小而增加。2019 ~ 2020 年进入 CSSCI 的经济学期刊有 70 种，北大核心期刊有约 130 种。虽然在期刊评级制度下，这些期刊被贴上相同的标签，但不同期刊之间的实际质量水平即发表难度却存在显著差异。当评级溢价 θ 不变，也就是发表在进入评级的任何一本期刊对于作者获取职称、奖励的作用相同时，理性的作者显然会选择向榜单中排名靠后、容易发表的期刊投稿。例如，有些单位规定发表一篇 SSCI 论文就可以获得几千元奖励，这使得许多作者选择在低水平 SSCI 期刊上发表论文（刘海洋等，2012）。此外，许多高校在学术评价过程中采用量化积分制，并将发表一篇顶级期刊论文的绩效评分等同于多篇非顶级期刊论文，这也可能造成部分作者以量充质，即选择排名靠后的期刊发表多篇论文的策略。这会导致被评级榜单收录的期刊中，质量与未收录期刊差距相对较小的低水平期刊发表论文的拥挤程度比高水平期刊更严重，发表周期延长的幅度更大。因此，本文提出假说 3：

① 本文以中国本土的期刊评级制度为研究对象，但模型的研究结论同样适用于解释国外期刊评级榜单对中国作者论文投递的扭曲效应，比如，SSCI，FT50，UT - Dallas 24，等等。事实上，在“以刊代文”的学术评价体系下，发表在国外权威评级榜单期刊的论文作者，可以在国内的学术评价中获得更高声誉和收益。

假说 3：期刊在同一评级榜单中的相对质量越低，被评级收录对其论文发表周期的延长效应越明显。

三、实证数据与方法

（一）数据与样本

本文选择中国经济类学术期刊为样本，来检验上述三个假说。由于研究对象高度依赖中国情境和对英文写作能力要求更高，经济学论文的国外期刊发表门槛天然高与理工科，目前国内学者的论文投稿主要集中于国内期刊，所以利用经济类期刊研究国内期刊评级制度通过扭曲作者的投稿策略对期刊论文发表拥挤程度的影响更加具有代表性。此外，中国经济类学术期刊的数量多于其他社会科学学科，能够为本文实证检验提供更大的样本量，并且以同一学科期刊为考察对象也能够避免不同学科期刊因学科特性所导致的发表周期差异影响本文实证结果的准确性。

根据计算论文发表周期的需要，我们在 2018 年版《中国学术期刊影响因子年报（人文社会科学）》收录的全部经济类期刊中，手动挑选出标注收稿日期的 152 本期刊。[①] 考虑到期刊评级的影响力在最近十年显现得比较突出，样本考察期设定为 2008 ~ 2018 年。

在统计期刊发表周期过程中，我们剔除了专论、评论、纪念类文章，广告、新闻、通告，以及特稿、约稿等，因为这类文章的发表流程与学术论文不同。此外，从南京大学中国社会科学研究评价中心网站收集历年 CSSCI 期刊（以下简称“C 刊”）榜单；从中国知网、国家新闻出版总署、教育部发展规划司等网站收集样本期刊被北大核心数据库收录情况以及影响因子、发文量、论文页数、基金资助文献量、主办单位、主管单位、创刊时间、获奖情况、在校博士生人数等信息。

（二）模型设定与描述性统计

识别期刊评级对论文发表周期的影响存在两方面扰动因素：一是期刊论文发表的拥挤程度可能存在时间变动趋势，即一本期刊发表周期的延长有可能是因为其他趋势性因素，而并非因为期刊被评级榜单收录；二是期刊之间存在个体异质性，进入评级榜单的期刊可能原本就比未进入评级的期刊审稿更严格，从而具有更长的发表周期。双向固定效应模型能够通过控制时间效

---

① 包括“F 综合性经济科学”下的如下门类：、F0 经济学理论、F11/F17 世界各国经济、F12 中国经济、F20/F29 经济计划与管理、F23 会计，审计、F27 企业经济、F3 农业经济、F4 工业经济、F7 贸易经济、F81 财政、F82/F84 货币/金融、银行/保险。

应和个体效应避免上述因素的干扰，因此本文的计量模型设计选择了该方法。

在本文所考察的 152 本期刊中，有 43 本曾进入过 C 刊评级，其中有 24 本期刊一直是 C 刊，其余 19 本期刊只在某些年份是 C 刊；有 75 本曾进入过北大核心期刊，其中有 52 本期刊一直是北大核心，其余 23 本期刊只在某些年份是北大核心。不同期刊在被评级榜单收录状态上的差异和动态变化为我们检验期刊评级如何影响期刊的论文发表拥挤程度提供了合适的样本。参考刘瑞明、赵仁杰（2017）的研究，我们构建如下计量检验模型：

$$pubdelay_{it} = \alpha_0 + \alpha_1 rank_{it} + \sum_j \gamma_j \times control + \mu_i + \lambda_t + \varepsilon_{it} \quad (16)$$

$$pubdelay_{it} = \alpha_0 + \alpha_1 rank_{it} + \alpha_2 rank_{it} \cdot top_{it} + \alpha_3 rank_{it} \cdot back_{it} + \sum_j \gamma_j \times control + \mu_i + \lambda_t + \varepsilon_{it} \quad (17)$$

其中，i 和 t 分别代表期刊和年份，μ_i 代表期刊个体固定效应，λ_t 代表时间固定效应。各变量具体说明如下：

（1）被解释变量：pubdelay 表示期刊的论文发表周期，it 为期刊 i 第 t 年第一期全部论文发表周期的平均值①。由于期刊在一年当中发表周期发生剧烈变化的可能性很小，使用第一期发表周期作为某期刊全年发表周期的代表或者抽样统计是文献计量学领域常用的方法（蓝红杰、诸叶梅，2013；徐云峰等，2013）。具体做法是，我们从中国知网下载 2008 ~ 2018 年 152 本样本期刊每年第一期全部论文总计 16720 余篇，手动统计每篇论文首页或尾页标注的收稿日期，然后计算发表日期与收稿日期之差，得到每篇论文发表周期。尽管多数期刊公布的论文收稿日期精确到年、月和日，而发表日期仅精确到年和月，但是在中国知网上搜索相应的论文时则可以发现精确到年、月和日的具体发表日期。本文以月为单位计算论文发表周期，将日期四舍五入为月份。收稿日期为上半月的当月计入发表周期，为下半月的当月不计入发表周期；发表日期为上半月的当月不计入发表周期，为下半月的当月计入发表周期。

（2）解释变量：rank 为期刊评级虚拟变量，分为两个子变量 cssci 和 pku，即是否进入 C 刊或北大核心评级，期刊被收录时取值为 1，未被收录时取值为 0。如果式（16）中的系数 α_1 显著为正，并且 cssci 的回归系数大于 pku 的系数，则假说 1 和假说 2 成立。需要说明的是，C 刊目录每二年更新一次，北大核心目录每三年更新一次。由于 C 刊和北大核心目录均于调整年份的前一年即公布，并且在此后的两年或三年内不会发生变化，所以本文中的解释变量 rank 天然滞后于作为被解释变量的期刊论文发表周期 pubdelay，从而在一定程度上减轻了可能的内生性问题。

（3）调节变量：top 和 back 为期刊质量排序虚拟变量。我们把被某一评级系统收录的全部期刊按照各年的影响因子由高至低进行排序，当期刊影响因子排序位于全部评级收录期刊的前 1/3 时，top 取 1，否则取 0；当期刊影

① 稳健性检验中将用全部论文发表周期的中位值进行替代。

响因子排序位于全部评级收录期刊的后1/3时，back取1，否则取0，影响因子数据来自中国引文数据库期刊分析器。如果模型（17）中α_2显著为负，α_3显著为正，则假说3成立。

（4）控制变量：参照阿尔维斯等（Alves et al.，2016）的研究，本文引入如下可能会影响期刊论文发表周期的变量作为控制变量，具体包括：①发文量（quant），使用期刊各年发文总量度量。发文量增加可以减少已被接受论文的排队等待时间，进而缩短发表周期；②主办单位（host），具体分为大学和科研院所、协会等，使用虚拟变量度量。如果期刊为大学主办则取1，否则取0；③主管单位（manage），具体可以分为教育部和省级单位等，使用虚拟变量度量。如果为教育部主管则取1，否则取0，主办单位和主管单位性质可能造成期刊管理水平差异，进而对发表周期造成影响；④影响因子（if），使用期刊各年综合影响因子度量。影响因子高的期刊可能吸引较多来稿，但是顶级期刊的高录用标准会减少低质量论文策略性投递，因此影响因子对发表周期可能具有倒U型的影响；⑤期刊年龄（age），使用当前年份与创刊时间之差度量；⑥获奖期刊（prize），使用虚拟变量度量，如果期刊曾经获奖并在知网该期刊页面显示则取1，否则取0。获奖期刊和办刊时间长的期刊声誉更好，可能收到更多来稿，造成发表周期较长；⑦基金资助文献（fund），使用期刊每年全部论文中受到基金资助论文的数量度量。基金资助的论文研究选题普遍更为前沿，审稿时间可能会更长，从而可能会导致期刊发表周期延长；⑧论文平均长度（length），使用期刊页数与论文数量之比度量。论文平均长度越长，审稿难度越大，发表周期可能越长。

表1为各变量的描述性统计，可以看出，不同期刊发表周期差异较大，最小值为0.6个月，最大值则达到16.58个月。图1进一步给出了不同类别期刊发表周期变动的对比图，左图显示，在样本考察的2008～2018年间，未被CSSCI收录期刊的平均论文发表周期变化不大，一直稳定在2.3个月左右，而被CSSCI收录的期刊论文发表周期的均值则不断在拉长，由2008年的平均4.2个月增加至2018年的6个月。影响因子排序位于所有C刊后1/3的期刊发表周期始终高于C刊整体，而影响因子排序位于所有C刊前1/3的期刊发表周期始终低于C刊整体。例如，2017年影响因子为1.031、排在所有C刊后1/3的《经济经纬》平均发表周期达到16.584个月，而影响因子为2.342、排在所有C刊前1/3的《经济学家》平均发表周期仅为3.245个月。由图1中的右图可以看到，在所有非C刊但被北大核心收录的样本期刊中，平均发表周期由2008年的3.6个月增加至2018年的4.3个月，但是始终比C刊样本低约2个月左右；非北大核心期刊的发表周期则位于2个月左右。这些结果初步证实了前文的三个假说，即被评级榜单收录确实会加剧期刊的论文发表拥挤程度，而且拥挤程度的上升幅度受评级溢价的大小和期刊在评级榜单中质量排序位置的调节。

表 1 主要变量描述性统计

名称	含义	均值	标准差	最小值	最大值	观察值
pubdelay	发表周期	2. 917	2. 061	0. 6	16. 584	1669
cssci	是否为 C 刊	0. 236	0. 425	0	1	1672
pku	是否为北大核心	0. 397	0. 489	0	1	1672
top	是否排在 C 刊前 1/3	0. 119	0. 325	0	1	394
back	是否排在 C 刊后 1/3	0. 406	0. 492	0	1	394
if	综合影响因子	0. 504	0. 523	0. 025	7. 258	1496
quant	各年发文量	252. 055	418. 455	38	4907	1670
length	论文平均长度	5. 178	2. 748	0. 991	17. 818	1670
fund	基金资助文献量	89. 808	110. 827	0	1338①	1670
host	是否由大学主办	0. 605	0. 489	0	1	1670
manage	是否由教育部主管	0. 105	0. 307	0	1	1672
prize	是否获奖	0. 407	0. 491	0	1	1672
age	期刊年龄	26. 603	10. 084	0	62	1672

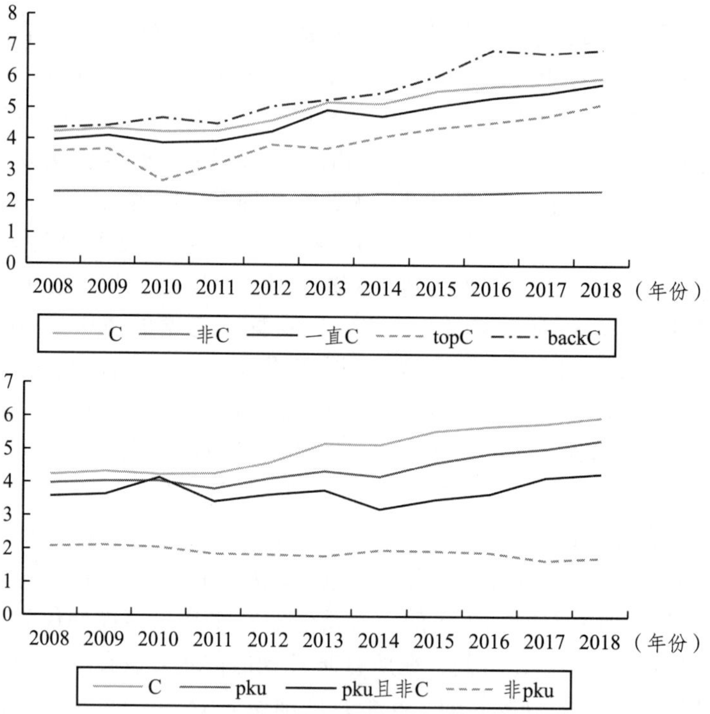

图 1 不同类型期刊发表周期对比

注：在右图中，由于各期刊在加入 C 的年份均加入北大核心，所以 C 且非 pku 的样本点为 0，故未列出。

① 《经济研究导刊》2014 年全年基金资助文献量为 1338 篇。

实际上，对于在评级榜单中质量排序靠后的 C 刊样本，其发表周期不仅更长，并且更加可能经历调整而退出榜单，通过观察期刊在加入或退出 C 刊前后发表周期的变化能够更加直观地发现期刊评级对发表周期的影响。图 2 给出了部分经历动态调整的期刊在进入或者退出 C 刊时发表周期的变化，其中实线部分为被 CSSCI 收录的年份，虚线部分为未被 CSSCI 收录的年份。可以看出《河北经贸大学学报》《江西财经大学学报》《审计与经济研究》《云南财经大学学报》等期刊在进入 C 刊的当年发表周期即明显上升并在此后的年份维持上涨趋势，而《商业研究》《现代财经》等期刊退出 C 刊后发表周期则迅速下降，《中国经济问题》则在 2008 ~ 2009 和 2014 ~ 2018 年进入 CSSCI 并呈现发表周期"两头高，中间低"的趋势。这种动态趋势进一步直观说明，期刊进入评级榜单确实很有可能如我们所预期的那样，会加剧期刊论文发表的拥挤程度。接下来，我们将通过更严谨的计量检验来进行验证。

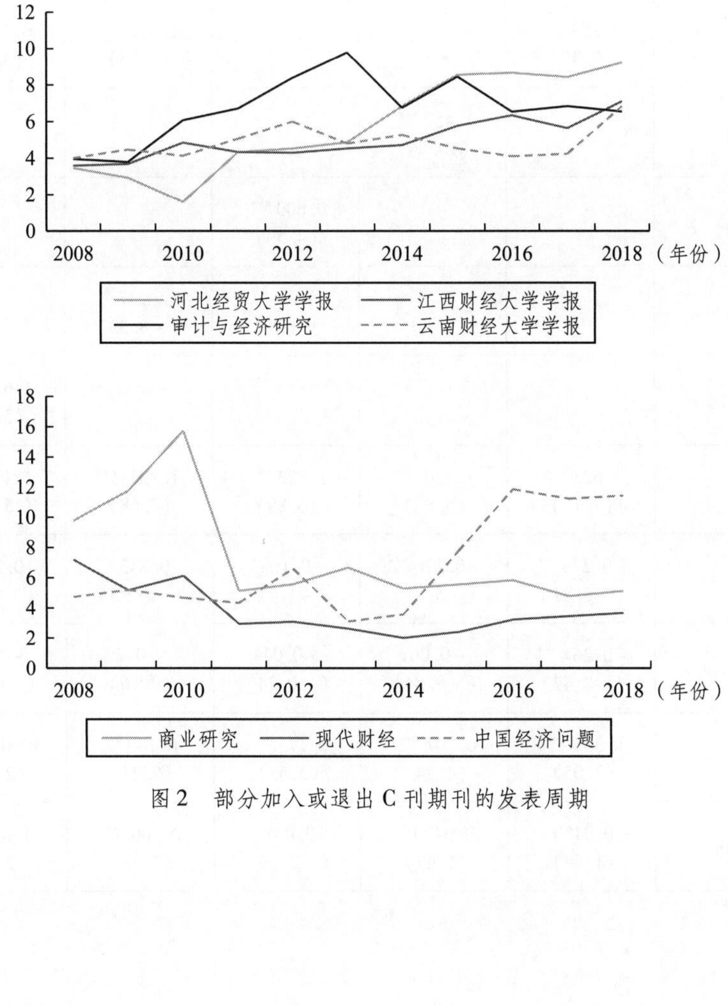

图 2 部分加入或退出 C 刊期刊的发表周期

四、实证检验结果

（一）总体检验结果

为了识别各个变量对期刊发表周期的整体影响，并为双向固定效应模型的检验结果提供参照系，我们首先对样本进行了 OLS 混合回归，结果如表 2 所示。表 3 则为控制了期刊个体异质性和时间趋势的双向固定效应模型的主要变量回归结果。可以看出，两种方法下各个解释变量的回归系数都显著，符号的正负也一致，但是，由双向固定效应模型得到的解释变量回归系数较 OLS 混合回归变小，并且模型整体的拟合优度明显提高。因此，接下来的分析我们将以表 3 所示的双向固定效应模型的结果为准。

表 2 混合 OLS 的基准回归结果

	(1)	(2)	(3)	(4)	(5)
cssci	1.259 *** (7.45)			1.472 *** (7.84)	0.781 *** (3.29)
pku		1.457 *** (10.96)			
pku_{nc}			0.600 *** (4.59)		
cssci × top				−2.947 *** (−8.53)	
cssci × back					1.624 *** (5.55)
if	1.523 *** (7.16)	1.320 *** (5.83)	1.723 *** (6.89)	1.893 *** (7.68)	1.492 *** (5.56)
if^2	−0.279 *** (−5.87)	−0.226 *** (−5.75)	−0.166 * (−1.71)	−0.233 *** (−6.95)	−0.243 *** (−5.97)
Ln quant	−0.264 *** (−3.47)	−0.061 (−0.84)	−0.044 (−0.74)	0.012 (0.16)	−0.011 (−0.14)
Ln fund	0.335 *** (7.05)	0.207 *** (4.84)	0.115 *** (3.53)	0.100 ** (2.31)	0.086 ** (2.04)
longth	0.0450 (1.54)	0.0470 * (1.67)	−0.041 ** (−2.06)	0.106 *** (2.78)	0.100 *** (2.77)

续表

	(1)	(2)	(3)	(4)	(5)
host	-0.295 ** (-2.56)	-0.081 (-0.69)	-0.276 *** (-2.91)	-0.114 (-0.96)	-0.003 (-0.03)
manage	0.783 *** (4.62)	0.818 *** (5.31)	1.313 *** (6.54)	0.528 *** (2.97)	0.650 *** (3.36)
prize	-0.072 (-0.80)	-0.135 (-1.51)	0.001 (0.02)	-0.252 *** (-2.70)	-0.325 *** (-3.62)
age	0.007 (1.00)	0 (0.08)	0.012 *** (3.41)	0.012 * (1.84)	0.012 * (1.90)
cons	11.340 ** (2.46)	5.788 (1.31)	12.570 *** (3.76)	12.560 *** (2.58)	10.741 ** (2.20)
N	1485	1485	1046	1182	1182
adj. R^2	0.368	0.395	0.384	0.488	0.491

注：(1) 括号内为 t 值（采用期刊变量的聚类稳健标准误计算）。(2) *** 代表 1% 的水平上显著，** 代表 5% 的水平上显著，* 代表 10% 的水平上显著。

表 3　双向固定效应模型回归结果

	(1)	(2)	(3)	(4)	(5)
cssci	1.069 *** (4.12)			1.074 *** (4.13)	0.704 ** (2.10)
pku		0.514 *** (3.56)			
pku_{nc}			0.376 *** (2.77)		
cssci × top				-1.587 ** (-2.05)	
cssci × back					0.642 ** (2.07)
cons	-2.907 (-0.67)	-2.447 (-0.56)	10.071 *** (3.22)	-0.615 (-0.13)	-0.230 (-0.05)
控制变量	控制	控制	控制	控制	控制
个体效应	控制	控制	控制	控制	控制
时间效应	控制	控制	控制	控制	控制

续表

	(1)	(2)	(3)	(4)	(5)
N	1485	1485	1066	1182	1182
adj. R^2	0.783	0.779	0.870	0.773	0.774

注：(1) 括号内为t值（采用期刊变量的聚类稳健标准误计算）。(2) *** 代表1%的水平上显著，** 代表5%的水平上显著，* 代表10%的水平上显著。(3) LSDV法估计。

可以看到，在表3的回归结果（1）和（2）中，代表期刊入选CSSCI的变量cssci和入选北大核心的变量pku的回归系数都在1%的水平上显著为正，说明在控制了一系列可能影响论文发表周期的其他因素后，期刊进入评级榜单确实会通过扭曲作者的投稿行为造成期刊的论文发表周期上升，与本文的假说1相符。

进一步考察两个变量的系数值可发现，cssci的回归系数为1.069，pku的回归系数为0.514，前者明显大于后者。考虑到北大核心期刊有些同时是C刊，回归（2）没有剥离二者对发表周期的耦合影响。因此，在回归（3）中，我们重新在所有非C刊样本中检验北大核心评级对论文发表周期的净影响①，可见变量pku_{nc}的估计系数仍然显著，但是变得更小，仅为0.376。这说明，由于论文发表在评级影响力和社会地位越高的期刊，作者越有可能在学术锦标赛中获胜（刘海洋等，2012），期刊被评级溢价更高的CSSCI收录确实会比进入北大核心导致的论文发表周期增加更严重，验证了本文的假说2。

在表3的回归（4）和（5）中，我们分别引入了期刊质量排名top和back与表示期刊入选CSSCI的变量cssci的交乘项，回归结果都显著。其中，前者的回归系数为 -1.587，后者系数为0.642。这验证了本文的假说3，说明当发表在同一评级榜单收录期刊得到回报都相同时，理性的作者确实会更多地选择发表难度小，即在榜单中质量排序靠后的期刊进行投递，造成这些期刊的拥挤程度上升更严重；在评级榜单中质量排序靠前的顶级期刊则由于为人熟知的高录用标准减少了低质量论文的策略性投递，因此拥挤程度反而上升程度较轻。

这一结论也可以解释为什么在中国当下，收取高额的版面费、大幅增加期刊版面、通过中介买卖论文和被曝光出学术丑闻的都是C刊中质量排序靠后的边缘性期刊。在“以刊代文”的学术评价模式下，这类期刊会因为被评级收录而获得更多投稿，而由于以往的学术声誉不高，从事机会主义行为所造成的声誉损失又较榜单中排名靠前的高声誉期刊低，所以机会主义行为也就自然成为其占优策略。这些期刊的短期逐利行为严重恶化了中国学术期刊

① 在本文的样本即公布收稿日期的期刊中，C刊遴选标准比北大核心更严格，因此非C刊可能是北大核心，非北大核心则基本没有C刊。

的集体声誉，也使科研活动的纯粹性受到质疑，表面上似乎只是期刊的个体选择，根源却在于期刊评级制度和由此催生出的“以刊代文”型学术评价模式。这深刻说明，治理学术期刊的不端行为不能光针对期刊本身，还需要改变外部的期刊评级制度和学术评价模式。

（二）动态效应检验

以上的实证检验结果表明，在“以刊代文”的学术评价模式下，期刊评级会导致被评级收录的期刊拥挤程度上升，论文发表周期延长。实际上，论文从写作到最终发表需要经历几个月到几年不等的周期，那么对于论文作者而言，如果其所选择的期刊在投稿时属于被收录期刊，而在发表或者学术评价时却被剔除，显然会对作者产生不利影响。因此，选择被某一评级系统收录年份较长的期刊进行投稿更有可能获得稳定的收益，这可能造成被评级收录期刊的拥挤程度与其被收录的累计年份正相关。此外，当一个期刊刚被评级收录时，投稿人可能因为惯性并不知道这一信息。随着期刊进入评级的时间增长和宣传增多，获得这一信息的投稿人数量也会增加，低质量论文的策略性投稿也会相应变多，论文发表拥挤程度也会更强。为了检验上述动态效应，本文将模型（16）扩展为下述形式，

$$pubdelay_{it} = \alpha_0 + \sum_k \alpha_k rank_{it}^k + \sum_j \gamma_j \times control + \mu_i + \lambda_t + \varepsilon_{it} \quad (18)$$

其中，$rank_{it}^k$ 表示期刊 i 加入评级第 k 年的虚拟变量（k = 1，2，…，10），比如某期刊在 2008 年被评级榜单收录，那么 2009 年时 k = 1，并且 $rank_{it}^1 = 1$，其余年份取值为 0。α_k 衡量了期刊进入评级第 k 年后期刊评级的拥挤效应大小。在加入控制变量并使用双向固定效应模型进行回归后，结果见表 4，其中 C 代表被 CSSCI 收录，B 代表被北大核心收录，数字表示加入期刊评级的累计年份。可以看出，期刊在被评级收录的各个年份中，论文发表周期均有不同程度的上升，并且确实随加入评级年份的增加呈现递增的趋势。这进一步验证了本文的假说 1，也说明本文理论模型所揭示的期刊评级制度对作者投稿行为的扭曲在现实当中是存在的。

（三）稳健性检验

1. 改变模型形式和替换度量指标

考虑到不同期刊发表周期离差和随时间波动较大，前文使用的水平值模型可能放大期刊评级对发表周期的影响。因此，我们对式（16）和式（17）中的发表周期取对数并重新进行回归，结果见表 5 中（1）至（5）。此外，由于前文将各期刊每年第一期全部论文发表周期的平均值作为该期刊当年发表周期的度量指标，难免会受到个别论文发表周期极端值的影响，因此我们改为使用各期刊第一期全部论文发表周期中位数代替平均数，回归结果见表 5 中（6）至（10）。可以发现，主要结论依然稳健。

表 4 动态效应回归结果

C1	C2	C3	C4	C5	C6	C7	C8	C9	C10	控制变量	时间效应	个体效应
1.481*** (4.95)	1.405*** (3.95)	1.345*** (4.02)	1.671*** (4.79)	1.849*** (4.82)	2.040*** (4.86)	1.887*** (4.55)	2.083*** (3.89)	2.150*** (3.52)	2.384*** (4.69)	控制 $N = 1657$，adj. $R^2 = 0.346$	控制	控制
B1	B2	B3	B4	B5	B6	B7	B8	B9	B10	控制变量	时间效应	个体效应
1.149*** (4.47)	1.013*** (3.65)	0.763*** (3.46)	0.946*** (3.44)	0.877*** (3.55)	1.488** (2.59)	1.780*** (3.43)	1.754*** (3.99)	1.838*** (4.05)	1.912*** (3.48)	控制 $N = 1174$，adj. $R^2 = 0.324$	控制	控制

表5 取对数和用中位数衡量的回归结果

	(1)	(2)	(3)	(4)	(5)	(6)	(7)	(8)	(9)	(10)
cssci	0.166*** (3.32)			0.170*** (3.38)	0.117* (1.86)	0.861*** (3.29)			0.867*** (3.31)	0.704** (2.10)
pku		0.114*** (2.76)					0.448*** (3.09)			
pku_{nc}			0.075* (1.68)					0.261* (1.93)		
cssci × top				−0.353** (−2.00)					−1.600** (−2.06)	
cssci × back					0.094* (1.76)					0.642** (2.07)
cons	0.931 (0.85)	1.031 (0.95)	4.370*** (4.15)	2.527** (2.23)	2.609** (2.29)	−2.727 (−0.63)	−2.328 (−0.53)	7.570** (2.70)	−0.616 (−0.13)	−0.230 (−0.05)
控制变量	控制	控制	控制	控制	控制	控制	控制	控制	控制	控制
个体效应	控制	控制	控制	控制	控制	控制	控制	控制	控制	控制
时间效应	控制	控制	控制	控制	控制	控制	控制	控制	控制	控制
N	1485	1485	1046	1182	1182	1485	1485	1046	1182	1182
adj. R^2	0.871	0.870	0.862	0.881	0.880	0.768	0.765	0.833	0.753	0.774

注：(1) 括号内为t值（采用期刊变量的聚类稳健标准误计算）。(2) *** 代表1%的水平上显著，** 代表5%的水平上显著，* 代表10%的水平上显著。(3) LSDV 法估计。

2. 内生性与工具变量检验

虽然本文采用的双向固定效应模型可避免因个体异质性和时间趋势性导致的内生性问题，但仍可能存在因遗漏变量和双向因果关系导致的内生性偏误。比如，发表周期长的期刊可能由于审稿更严格或者管理更规范等不易观测的因素从而更容易被期刊评级榜单收录。尽管式（16）和式（17）中被解释变量天然滞后于解释变量能够缓解双向因果关系的影响，为保证实证结果的准确性，本节进一步使用工具变量法和两阶段最小二乘法进行稳健性检验。

具体说来，我们统计各期刊所在省份当年被 CSSCI 收录的刊期数量，然后分别除以当年经济类 C 刊总数，用该比例作为表征某期刊是否被 CSSCI 收录的变量 cssci 的工具变量（刘瑞明、赵仁杰，2017）。其合理性在于，一省 C 刊占全国 C 刊的比例与该省某一本期刊是 C 刊的概率正相关；并且这一比例不会直接影响某一期刊的论文发表周期。对于表征期刊被北大核心收录的变量 pku，我们也采取同样方式设置工具变量。

将该指标直接加入双向固定效应模型的回归方程中，发现其对发表周期的影响系数并不显著，这说明上述指标并不会直接影响论文发表周期。另外，利用该工具变量采用两阶段最小二乘法，对工具变量的有效性进行了相关检验后发现，各项检验符合要求。由表 6 的回归结果可见，各个解释变量系数变化不大且仍然显著，这说明遗漏变量和双向因果关系导致的内生性并不严重，即上文的结论是稳健的。

表 6　　工具变量法回归结果

	(1)	(2)	(3)
cssci	1.057*** (2.91)		
pku		0.436** (2.25)	
pku_{nc}			0.371** (2.29)
控制变量	控制	控制	控制
个体效应	控制	控制	控制
时间效应	控制	控制	控制
N	1493	1493	1053
adj. R-sq	0.781	0.777	0.834

续表

	(1)	(2)	(3)
一阶段回归			
Ⅳ	2.332 *** (11.32)	3.296 *** (21.26)	3.422 *** (18.44)
Kleibergen - Paap rk LM	78.399 ***	120.799 ***	89.939 ***
Kleibergen - Paap rk Wald F	128.791 ***	453.839 ***	359.485 ***

注：(1) 括号内为 t 值（采用期刊变量的聚类稳健标准误计算）。(2) *** 代表 1% 的水平上显著，** 代表 5% 的水平上显著，* 代表 10% 的水平上显著。(3) LSDV 法估计。

3. 分位数回归

上文通过构建期刊评级与期刊在评级榜单中质量排序位置交叉项的方式检验了期刊相对质量对期刊评级拥挤效应的调节作用。但是，双向固定效应模型仍是对被解释变量条件均值的拟合，估计方法中基于残差平方和最小化的目标函数比较容易受极端值的影响，对于期刊质量排序位于前 1/3 和后 1/3 的划分方式也存在一定主观性。分位数回归可通过对被解释变量在 0 ~ 1 之间的不同分位数值进行分别回归，对不同分布的数据进行估计（郭峰、李欣，2017），基于残差绝对值最小化的目标函数受极端值影响较小，得出的结论更加稳健。

本文选择被解释变量即期刊论文发表周期的 10%、25%、50%、75% 和 90% 五个分位点，考察期刊被 CSSCI 收录对其论文发表周期的影响。由表 6 可见，在所有分位点上，变量 cssci 的回归系数都显著为正，说明本文之前得到的期刊被评级榜单收录会加剧其论文发表拥挤程度的结论是稳健的。此外，75% 和 90% 两个分位点的 cssci 回归系数值明显大于前三个分位点，由图 1 可知，中国目前的经济类 C 刊中论文发表周期高于平均值的主要是相对质量差的期刊，因此这一结果再次验证了我们之前的结论，即期刊在同一评级榜单中的相对质量越低，被评级收录对其论文发表周期的延长效应越明显。以期刊被北大核心收录为解释变量的分位数回归结果也与表 7 类似，受篇幅限制未列出。

表 7　　分位数回归

	(1) quartile 10	(2) quartile 25	(3) quartile 50	(4) quartile 75	(5) quartile 90
cssci	1.138 *** (14.31)	1.139 *** (11.43)	1.064 *** (7.42)	1.840 *** (8.91)	2.360 *** (8.18)
if	0.103 (1.44)	0.832 *** (9.30)	1.211 *** (9.41)	1.195 *** (6.45)	1.263 *** (4.88)

续表

	（1） quartile 10	（2） quartile 25	（3） quartile 50	（4） quartile 75	（5） quartile 90
log_quant	-0.016 (-0.31)	-0.056 (-0.86)	-0.135 (-1.44)	-0.137 (-1.02)	0.065 (0.34)
log_fund	0.004 (0.11)	0.032 (0.79)	0.143 ** (2.45)	0.298 *** (3.54)	0.455 *** (3.88)
length	-0.005 (-0.35)	0.011 (0.54)	0.071 ** (2.52)	0.068 * (1.67)	0.111 * (1.96)
host	-0.020 (-0.30)	-0.097 (-1.18)	-0.335 *** (-2.82)	-0.584 *** (-3.42)	-0.439 * (-1.84)
manage	0.516 *** (6.02)	0.799 *** (7.43)	1.187 *** (7.67)	1.583 *** (7.10)	1.641 *** (5.27)
prize	-0.002 (-0.04)	-0.002 (-0.02)	-0.202 ** (-2.06)	-0.026 (-0.18)	0.110 (0.56)
age	-0.001 (-0.17) (0.01)	0.001 (0.35) (-0.81)	0.009 (1.64) (-2.86)	0.036 *** (4.77) (-3.44)	0.042 *** (3.97) (-4.48)
N	1485	1485	1485	1485	1485

注：(1) 括号内为 t 值（采用期刊变量的聚类稳健标准误计算）。(2) *** 代表 1% 的水平上显著，** 代表 5% 的水平上显著，* 代表 10% 的水平上显著。

五、结论与政策建议

作为传播科学研究成果的重要载体，学术期刊发表周期延长不仅不利于新知识的扩散，也会加剧科研人员职业发展和绩效评价的不确定性。针对近年来中国的学术评价体系日益被论文发表的期刊等级所左右的现象，本文创新性地考察了期刊评级这一外生的制度因素通过扭曲作者投稿行为加剧学术期刊论文发表拥挤程度的作用机理，并以中国经济类 152 本学术期刊为样本，对理论模型得出的结论进行了细致的实证检验。我们的研究发现，当学术评价体系“以刊代文”程度较高时，期刊评级制度无形中将全部学术期刊分成有用和无用两类，一方面加剧了低质量论文作者向被评级收录的高水平期刊策略性投稿的激励，另一方面则阻断了高质量论文作者为提高发表速度向普通期刊投稿的可能性，从而导致被评级收录期刊论文发表拥挤程度大幅上升，严重影响学术期刊市场的运行效率。并且，期刊所进入的评级榜单在学术评价中的溢价越高，拥挤程度上升幅度越大。此外，因为在同一评级榜单上任一本期刊发表的论文参与学术评价时都能获得相同的评级溢价，所以，作者会更多选择向榜单中容易发表的低质量期刊投稿，造成同一评级榜单中相对质量越低的期刊，被评级收录对其论文发表周期的延长效应越明显，容易诱发这类期刊的机会主义行为。基于上述研究结论，本文提出如下两个方面政策建议：

第一，切实落实“破五唯”的战略任务，扭转目前学术评价中过度强调期刊等级和比拼论文数量的倾向。虽然 2019 年国家正式将“破五唯”作为改革高等学校教师职称制度的重要原则，但是相对较其他“四唯”，现阶段学术评价中的“唯论文”问题并没有得到有效解决，很多高校仍然把发表论文的期刊等级和数量作为称职评定、续聘以及绩效分档的前置条件。这种现象的出现一方面是因为不同部门的评价标准尚未有效协同，在科研评奖、学科评估、重大项目申报等活动中，论文的期刊等级和数量还是重要的考察指标，另一方面则是由于用论文发表的期刊等级来评价科研活动的产出易于操作。因此，必须从顶层设计入手，加大学术评价中服务国民经济实际需求的权重，使科研人员的研究摆脱“唯论文”和被期刊评级绑架的状况，回归解决实际问题、推动社会进步的初衷。学术研究的实际应用需要只有这样，才能真正消除期刊评级所引发的学术期刊发表周期延长和学术腐败问题。

第二，完善学术论文质量的同行评议机制，通过弱化期刊的质量认证功能来提高学术期刊市场的发表效率。科研工作的高度专业性决定了只有同行才能客观判断出一篇论文的学术水平高低。中国现阶段科研人员参与学术评价时论文质量的同行评议机制相对弱化，作者往往只能借助期刊的声誉来显示研究成果的质量。这使得学术期刊事实上成为了论文质量的认证机构，被评级收录的少数“戴帽子”期刊因对应着论文质量更高的认证等级成为作者投稿时的首选甚至独选，自然会引发论文发表的拥挤现象。如果论文的学术质量能更多由同行评议决定，作者在投稿时就不会过分集中于被评级收录的期刊，不仅能提高学术期刊市场的发表效率，也有助于现有的低声誉期刊获得更多高质量稿源成长为好期刊，避免这类期刊因落入“声誉陷阱”而大量从事机会主义行为。同行评议的组织和实施难度必定大于直接依靠期刊等级来评定论文的质量，不过，可以充分利用信息技术和数字红利，在平台构建、同行专家库建设和同行评议形式上进行创新，来有效降低同行评议的成本，提高同行评议的准确度。只要科研管理者和学术评价机构敢于担当和尝试，完全可以做到这一点。

最后需要说明的是，近二十年来我国引进和复制的包括期刊评级制度在内的一系列西方学术评价体系已经对中国学术界和科研活动产生了严重的负面影响，本文基于学术期刊市场发表效率所做的研究只是其中冰山一角。为了把最好的研究留到中国大地，现阶段亟待通过机制和政策创新优化中国学术期刊行业的产业组织，提高本土学术期刊的质量和声誉。此外，本文的理论模型没有考虑被评级榜单收录可能引发期刊审稿标准的变化和投稿论文质量的变化对期刊发表周期的影响，这些问题留待后续研究进行回答。

参考文献

[1] 高耀、苏林、丁艳：《高校职称评审中期刊分级的定量研究——以 CSSCI（2014—2015）为例》，载《中国人民大学教育学刊》2015 年第 4 期。

[2] 郭峰、李欣：《编辑部偏爱、关系稿与引用率贴水——来自中国经济学权威期刊的证据》，载《经济学（季刊）》2017 年第 4 期。

[3] 郭鹏：《核心期刊评价功能之检讨》，载《现代财经（天津财经大学学报）》2007 年第 7 期。

[4] 蓝红杰、诸叶梅：《从六种学术期刊刊出情况分析稿件的处理周期及发表时滞》，载《中国科技期刊研究》2013 年第 5 期。

[5] 李艳：《我国学术期刊评价体系现状及发展趋势》，载《中国科技期刊研究》2015 年第 5 期。

[6] 刘海洋、郭路、孔祥贞：《学术锦标赛机制下的激励与扭曲——是什么导致了中国学术界的高数量与低质量?》，载《南开经济研究》2012 年第 1 期。

[7] 刘瑞明、赵仁杰：《匿名审稿制度推动了中国的经济学进步吗？——基于双重差分方法的研究》，载《经济学（季刊）》2017 年第 1 期。

[8] 王军：《中国经济学学术期刊的评价》，载《世界经济》2010 年第 12 期。

[9] 徐云峰、徐红星、陆海燕、朱漪云、盛杰、谈国鹏：《优先数字出版影响发表时滞和下载量的定量分析》，载《编辑学报》2013 年第 6 期。

[10] 朱剑：《歧路彷徨：核心期刊、CSSCI 的困境与进路——“三大核心”研制者观点述评》，载《清华大学学报（哲学社会科学版）》2016 年第 1 期。

[11] Alves, S. E., Porto, A. C. F., Firmino, C., Silva, H. V., Becker, I., Resende, L., Borges, L., Pfeffer, L., Silvano, M., and Galdiano, M. S., 2016: Are The Impact Factor And Other Variables Related To Publishing Time In Ecology Journals? *Scientometrics*, Vol. 108, No. 3.

[12] Azar, O., 2007: The Slowdown in First - Response Times of Economics Journals: Can It Be Beneficial? *Economic Inquiry*, Vol. 45, No. 1.

[13] Azar, O. H., 2006: The Academic Review Process: How Can We Make It More Efficient? *The American Economist*, Vol. 50, No. 1.

[14] Baghestanian, S. and Popov, S. V., 2018: On Publication, Refereeing and Working Hard, *Canadian Journal of Economics*, Vol. 51, No. 4.

[15] Besancenot, D., Faria, J. O. R., and Huynh, K. V., 2014: Congestion of Academic Journals Under Papers' Imperfect Selection, *B. E. Journal of Economic Analysis & Policy*, Vol. 14, No. 3.

[16] Besancenot, D., Huynh. K., and Vranceanu, R., 2011: A Matching Model of the Academic Publication Market, *Journal of Institutional and Theoretical Economics*, Vol. 167, No. 4.

[17] Besancenot, D. and Vranceanu, R., 2014: A Model of Scholarly Publishing With Hy-

brid Academic Journals, *Theory & Decision*, Vol. 82, No. 1.

[18] Ellison, G., 2002a: Evolving Standards for Academic Publishing: A q-r Theory, *Journal of Political Economy*, Vol. 110, No. 5.

[19] Ellison, G., 2002b: The Slowdown of the Economics Publishing Process, *Journal of Political Economy*, Vol. 110, No. 5.

[20] Gibson, J., Anderson, D. L., and Tressler, J., 2014: Which Journal Rankings Best Explain Academic Salaries? Evidence From The University Of California, *Economic Inquiry*, Vol. 52, No. 4.

[21] Heintzelman, M. D. and Nocetti, D., 2009: Where Should We Submit Our Manuscript? An Analysis of Journal Submission Strategies, *Social Science Electronic Publishing*, Vol. 9, No. 1.

[22] Hirshleifer, D., 2015: Editorial: Cosmetic Surgery in the Academic Review Process, *The Review of Financial Studies*, Vol. 28, No. 3.

[23] Leslie, D., 2005: Are Delays in Academic Publishing Necessary?, *The American Economic Review*, Vol. 95, No. 1.

[24] Prüfer, X., Fer, J. and Zetland, D., 2010: An auction market for journal articles, *Public Choice*, Vol. 145, No. 3.

Does Journal Rating Make It More Crowded to Publish Papers?

—An Empirical Study Based On Chinese Economic Academic Journals

Yanying Chen Zizhen Zhang Xiaofan Zhang

Abstract: In this paper, we establish a game model to analyze the mechanism of the increase of publication delay caused by journal rating. We also use a two-way fixed-effect model to test the above-mentioned mechanism by taking 160 Chinese economic academic journals from 2008 to 2015 as samples. The results show that as the academic evaluation system in China becomes more dependent on the journal's rating results, the journal's entry into the rating system will lead to a longer publication delay, i. e. the crowding effect. Moreover, the above effect is adjusted by the rating premium of the rating system that the journals enter and the ranking position of the journals in the ranking list. Specifically, the higher the premium rating system that journals enter, or the lower the ranking of journals in the ranking list, the more serious the increase of publication delay. Therefore, academic evaluation institutions should reduce the over-reliance on the journal rating results, so as to alleviate the distortion of the certification function of journal rating and reduce the degree of crowding effect.

Keywords: Academic Journal Journal Rating Publication Delay Certification Effect Two – Way Fixed Effect

JEL Classification: D82 D84 L15

本文附录

本文使用的部分关键性数据

期刊	年份	发表周期	是否为 C刊	是否为 北大核心	综合影响 因子	各年 发文量	期刊年龄
5	2008	3. 38462	1	1	1. 260	156	52
5	2009	4. 16667	1	1	1. 276	156	53
5	2010	2. 42857	1	1	1. 186	159	54
8	2008	7. 18182	1	1	0. 66	303	14
8	2009	3. 72727	1	1	0. 673	341	15
8	2010	3. 72	1	1	0. 941	352	16
22	2008	2. 29412	1	1	2. 483	207	25
22	2009	2. 06667	1	1	2. 279	199	26
22	2010	1. 625	1	1	2. 534	205	27
37	2008	9. 76667	1	1	0. 34	726	50
37	2009	11. 7333	1	1	0. 388	752	51
37	2010	15. 7333	0	1	0. 356	607	52
55	2008	2. 468	0	1	0. 332	313	29
55	2009	2. 486	0	1	0. 36	305	30
55	2010	2. 468	0	1	0. 327	309	31
122	2008	3. 5	0	0	0. 301	161	20
122	2009	3	0	0	0. 296	172	21
122	2010	3. 6	0	0	0. 511	162	22

平台的本质：一个前沿性综述与展望

李春利 高良谋*

摘 要：平台的本质是平台理论研究的基础和逻辑起点。本文综述了关于平台的本质研究的主要理论和最主流的观点。本文回顾技术管理视角下的平台本质理论、战略管理视角下的平台本质理论、产业组织视角下的平台本质理论，以及生态系统视角下的平台本质理论，在此基础上，系统总结和比较了四种视角下平台本质理论的异同，进一步提炼出平台本质理论研究存在的问题以及理论分歧的焦点，并对其进行了前瞻性展望。本研究在一定程度上加强了各研究视角之间的交流和对话，为后续理论与经验研究奠定了基础。

关键词：平台理论 产品开发平台 平台战略 双边市场平台 平台生态系统

一、平台概念及研究视角

平台是自古有之的现象。根据《牛津英语词典》，自 16 世纪以来，平台（Platform）被用来表示人或事物可以站立的一个凸起的平面，通常是一种为特定活动或操作而设计的离散结构，如产品、集市、车站、城市等。从抽象意义来看，平台是指一种构思、概念、模式和模型，如政治纲领、理论思想等。

新技术革命正在改变企业的生产方式、管理模式、交易形式及创新模式，平台正在成为一种普遍的和重要的经济现象。当今的平台领域是一个让人极为兴奋的领域，现实中平台已然成为推动数字经济发展的“引擎”，学术界大量的理论观点和视角也不断涌现。平台研究由架构创新（Henderson and Clark，1990）、大规模定制（Kotha，1994）、模块化（Baldwin and

* 本文受国家社会科学基金重大项目“新组织理论和组织治理研究”（11&ZD153）、东北财经大学博士研究生科研项目“平台组织的形成与演化研究——基于技术与制度协同演化视角”（GSY2021011）资助。
感谢匿名审稿人的修改建议。
李春利：东北财经大学工商管理学院；地址：辽宁省大连市沙河口区尖山街 217 号；邮编：116023；E-mail：lichunlineu@163.com。
高良谋：东北财经大学工商管理学院；地址：辽宁省大连市沙河口区尖山街 217 号；邮编：116023；E-mail：liangmou@dufe.edu.cn。

Clark，1997）等问题，到平台构建（Garud et al.，2006）、平台战略（张小宁，2014）、平台领导（刘林青等，2015；罗珉、杜华勇，2018）、核心竞争能力（刘江鹏，2015）、动态能力（朱晓红等，2019）等问题，再到平台市场结构（Armstrong，2006）、策略行为和反垄断规制（曲创、刘重阳，2019）等问题，以及提升平台生态系统的产品创新（Gawer，2009）、价值共创（Ceccagnoli et al.，2012）等问题。然而，可以发现，虽然学界从不同视角对平台的本质进行探索，但受制于研究视角和情境约束，尚未形成一致的认识。事实上，如果不能厘清对“平台的本质”的认识，就不能逻辑地透视平台的边界、竞争、创新和演化等相关问题。因此，非常有必要深入考察理论界关于平台本质的主要观点，从而理解不同平台理论的逻辑起点及其在应用领域的命题，进而明确平台理论发展的方向。

本文以Web of Science、CNKI数据库为依据，着重于检索包括商业、经济和管理等领域的学术刊物。首先，分别以“platform review”“platform research”“平台综述”“平台研究”为主题，在目标刊物中检索平台相关综述文章。其次，分别阅读每篇文献摘要和全文，删除研究主题不符的文献，增加文献中被遗漏的参考文献，最终将符合条件的2000～2021年10篇国内外代表性综述文献作为分析对象。最后，对10篇综述性文献进行了初步的内容分析。从平台分类来看，加威尔（Gawer，2009）将平台划分内部平台、供应链平台、产业平台和双边市场平台四种类型。范森等（Facin et al.，2016）基于加威尔（2009）的研究，利用ISI（Web of Science）数据库通过文献计量分析将平台分为内部平台和外部平台两个基本类型，其中内部平台包括产品开发平台，外部平台包括供应链平台、双边市场平台和产业平台。王节祥、蔡宁（2018）基于Web of Knowledge、CNKI数据库，通过文献计量方法和内容分析将平台分为产品开发平台、双边市场平台和战略创新平台三种类型。

从研究视角来看，鲍尔温和伍达德（Baldwin and Woodard，2009）根据研究对象的差异，将平台研究分为产品开发、战略管理和产业经济三种视角，其中三种视角分别关注产品、技术系统和交易领域。皮厄樽卡（Piezunka，2011）依据技术平台也将平台研究分为产品平台、产业平台和双边市场平台三种视角，其中三种视角分别侧重生产、协调和交易功能。加威尔（2014）也依据技术平台将平台研究分为经济学、产品技术两种研究视角，其中经济学视角视平台为一种市场，产品技术视角视平台为一种技术架构。托马斯等（Thomas et al.，2014）基于Web of Science数据库，通过文献计量方法将平台研究归纳为产品系列、组织、市场中介和平台生态系统等四种视角，其中产品系列视角和组织视角关注的是企业内平台，而市场中介视角和平台生态视角关注的是企业间平台。麦金泰尔和斯里尼瓦森（Mcintyre and Srinivasan，2017）将平台研究分为技术管理、战略管理和产业组织三种视角，其中三种视角分别强调技术架构、平台领导力和网络效应。刘洋、谢丽（2017）以 Social Science Citation Index（SSCI）数据库为基础，采用 VOS-viewer 可视化软件进行系统分析，系统论述了平台研究的知识图谱，并搭建了产品视角，企业、市场、竞争视角，互联网平台视角和信息技术产业视角四大视角下的平台研究理论框架。王节祥、蔡宁（2018）利用文献计量和内容分析方法，将平台研究视角分为产品开发平台、双边交易平台和战略平台三种视角，分别侧重产品项目、网络外部性、竞争战略与生态系统，其中战略创新平台视角融合了战略管理视角和生态系统视角。罗兴武等（2020）以 Web of Science 为主要英文期刊数据收集来源，利用 CiteSpace V 科学计量工具，通过绘制可视化知识图谱，认为平台研究可以划分为产业组织经济学、技术管理与战略管理三种视角。

基于上述 10 篇代表性综述文献及相关引用文献的研究线索，结合现实典型实例，依据研究对象，本文将平台研究分为技术管理、战略管理、产业组织和生态系统四种研究视角，分别以产品系列、组织结构、双边（多边）市场和平台生态系统为研究对象，进而在核心概念、核心议题和核心目标等方面的表现为不同特征，如表 1 所示。

表 1 平台研究视角分类

研究视角	技术管理视角	战略管理视角	产业组织视角	生态系统视角
研究对象	产品系列	组织结构	双边（多边）市场	平台生态系统
核心概念	模块化、通用性、平台架构、产品系列	动态能力、核心能力、平台战略、平台领导	双边或多边市场、网络外部性、界面标准	网络外部性、创新、超模块化、界面规则
核心议题	如何协调产品低成本和产品多样性关系	如何协同动态复杂环境与组织资源、能力、结构关系	如何为进入双边或多边市场的不同用户群体进行定价	如何在激发互补创新的同时充分利用互补创新
核心目标	提高企业的生产效率，以更低的成本生产多样化产品，实现大规模定制，提高新产品设计的灵活性	促进企业整合内外部资源的能力，提高企业的战略灵活性，提升企业适应动态复杂环境的能力	提高双边或多边市场的交易规模和效率，降低交易成本，提升交易配对效率	激励平台所有者进行外部创新及互补创新，促进平台互补者从互补创新的网络效应中受益
典型事实	索尼 Walkman、日产汽车、波音、德克等	海尔、华为等	沃尔玛、国美、淘宝网、优酷、百度搜索、知乎等	微软 Windows、华为应用市场、阿里巴巴等

资料来源：作者整理。

技术管理视角下的平台理论建立在产品开发研究的基础上（Wheelwright and Clark，1992a、1992b；Sanderson and Uzumeri，1995；Meyer and Lehnerd，1997），以产品系列为研究对象，主要关注如何协调产品低成本和产品多样性关系，核心目标是企业内技术或产品平台的生产和创新功能，企业利用平台的共享资产和界面生产多样化产品满足消费者需求（Robertson and Ulrich, 1998），通过规模经济和范围经济创造价值。技术管理视角下，平台的典型事实主要有索尼 Walkman（Sanderson and Uzumeri, 1995）、汽车制造（Nobeok and Cusumano, 1997）、航天器（Caffrey et al. , 2002）和德克电动工具（Meyer and Lehnerd, 1997）。

战略管理视角下的平台理论建立在组织能力和动态能力研究的基础上（Prahalad and Hamel, 1990; Teece et al. , 1997），以存储组织资源和能力的组织结构为研究对象，主要关注如何协同动态复杂环境与组织资源、能力、结构关系，核心目标是平台型企业如何协同和整合企业内外部资源和能力（Ciborra, 1996），提高企业的战略灵活性，提升企业适应动态复杂环境的能力，获取竞争优势和持续增长。战略管理视角下，平台的典型实例有海尔（胡国栋、王晓杰，2019）、华为（胡斌、王莉丽，2020）等平台型企业。

产业组织视角下的平台理论建立在双边市场研究的基础上（Rochet and Tirole, 2003; Caillaud and Jullien, 2003），以双边或多边市场为研究对象，主要关注确定最优定价结构、建立平台和获得不同用户群体等问题，核心目标是企业间市场交易平台如何协同不同类型市场的交易（Parker et al. , 2016），通过促进大规模交易、降低交易成本以及提升配对效率来创造价值（Rochet and Tirole, 2003）。产业组织视角下，平台的典型事实主要有以沃尔玛、家乐福、国美、苏宁等为代表的购物平台、以淘宝网、亚马逊等为代表的电商平台、以爱奇艺、优酷、YouTube 等为代表的视频平台，以微信、脸书等为代表的社交平台、以百度搜索、谷歌搜索等为代表的搜索平台、以知乎、得到等为代表的知识付费平台等。

生态系统视角下平台理论借鉴了技术管理视角和产业组织视角的研究（Meyer and Seliger, 1998; Economides and Katsamakas, 2006; Eisenmann, 2008; Hagiu and Yoffie, 2009），以平台生态系统为研究对象，主要关注平台所有者如何在激发互补创新的同时充分利用互补创新，如何将互补性创新的激励机制嵌入到平台的设计中，实现和维护平台生态系统中的领导地位，协调合作伙伴等问题，核心目标是平台生态系统如何协同平台所有者、平台互补者与消费者进行创新、管理和交易等活动，通过培育产品多样性、效率、创新和可靠性来创造价值（Tiwana, 2014; Jacobides et al. , 2018）。生态系统视角下，平台的典型事实包括以微软 Windows 操作系统、谷歌 Android 操作系统、华为应用市场等为代表的技术平台生态系统，以阿里巴巴、腾讯、京东等为代表的交易平台生态系统。

二、技术管理视角下的平台本质理论

（一）资源基础理论——共享资产

根据资源基础理论，技术管理研究者将平台视为产品系列中稳定的共享资产，强调平台作为共享资产的资源整合和创新组合功能。乌利齐（Ulrich，1995）认为平台是产品架构的技术设计，有助于促进产品系列发展（Sanderson and Uzumeri，1995），实现更快地、更系统地创新（Krishnan and Gupta，2001）。惠尔赖特和克拉克（Wheelwright and Clark，1992a）认为平台是专注于核心客户群的需求，通过添加、替换和删除功能实现产品迭代升级的共享资产。然而，惠尔赖特和克拉克（1992a）的定义没有明确说明共享资产的内容。为此，迈耶和莱纳德（Meyer and Lehnerd，1997）指出，平台是以一组共享的组件、子系统或者界面作为产品开发的共享资产。罗伯森和乌利齐（Robertson and Ulrich，1998）提出一个更广泛的定义，平台是一组产品系列共同分享的资产集合，其中资产集合包括组件、流程、知识、人员或关系。由此，平台能够支持产品变体，有效开发不同市场利基的产品系列，并且支持大规模定制和提升运营效率，能够实现产品生产的规模经济和范围经济（Simpson，2004）。

基于上述观点，平台作为一种结构稳定的共享资产，为产品开发提供必不可少的基础设施，使得平台使用者通过共享资产来增强其产品开发和设计的灵活性和效率。例如，航空器、汽车制造的共享平台。企业在共享资产基础上，通过增加产量、产品系列及互补性资产，能够实现规模经济。与此同时，通过降低开发附加产品的成本，能够实现范围经济。因此，平台作为一种共享资产，隐含的理论逻辑是资源基础观。也就是说，平台是一种有价值的、稀有的和难以复制的资源运行体。

（二）模块化理论——模块化架构

依据模块化理论，技术管理研究者认为平台是一种模块化架构。艾森曼等（Eisenmann et al.，2006）将平台定义为由一个稳定的核心组件、一组互补组件及界面接口构成的模块化系统集成载体。Baldwin and Clark（2000）认为平台包括三个方面：（1）平台的模块化架构；（2）平台接口；（3）所有模块必须符合平台提供设计规则的标准。在此基础上，鲍尔温和伍达德（Baldwin and Woodard，2009）将平台描述为一种由核心组件和外围组件构成的模块化架构，其中平台界面和接口在平台设计和创新中起着至关重要的作用。也就是说，平台是由核心组件和互补组件所构成，而核心组件和互补组件之间的交互是通过公共界面和接口实现的。之后，技术管理学者将研究延伸至平台企业围绕界面做出的最佳设计选择，以实现更快、更系统的创新。具体来说，技术管理学者主要关注平台的开放程度研究，强调了开放和封闭平台之间的权衡（Gawer and Cusumano，2008）以及平台界面的开放性如何影响创新（Baldwin and von Hippel，2011）。

上述观点强调了通过模块化、连接性和界面标准来表现模块化架构如何实现平台优势。事实上，平台的模块化架构中，模块之间的接口表明了各个模块如何在彼此之间以及在更大的系统内部进行交互（Baldwin and Clark，2000）。为此，鲍尔温（Baldwin，2008）提出模块之间的物理接口体现了不同团队之间分工。接口不仅是一个不同团队之间劳动的分配器，而且也是一个连接器，一个促进互联的选定信息的管道。由于进行专业化和创新劳动的模块化分工，平台的模块化架构不仅促进模块内部的自主创新，而且通过模块间重组实现混合创新。因此，技术管理研究者运用模块化理论将平台视为一种促进创新而设计的模块化技术架构，通过平台能够提升运营弹性和效率，实现生产、设计和创新的规模经济和范围经济。

综上所述，技术管理研究者运用资源基础理论和模块化理论，主要关注企业内技术平台和产品平台。技术管理研究者多是从微观层面对产品开发、产品创新、架构创新、模块化等方面展开研究（Thomas et al.，2014）。早期技术管理研究者主要关注平台本身，将平台视为可以通过添加和删减的系统或共享资产（Wheelwright and Clark，1992a），随后技术管理研究者扩展了平台的内涵，将平台描述为由一组相互支持、功能互补的子系统模块构成的模块化系统（Krishnan and Gupta，2001；Gawer，2014；王凤彬等，2019），通过将一个复杂的系统分解成离散的组件，通过标准化的界面和接口进行交互，从而促进创新。在模块化理论下，平台的基本架构都包括一组稳定的低多样性核心组件和一组高多样性外围组件（Baldwin and Woodard，2009）。技术管理研究者通过强调平台作为构建互补性模块的附加功能和作为其他公司可以构建相关产品或服务的基础来扩展这一概念，平台通过网络效应提高建立在平台上的产品和服务的网络价值。总的来说，技术管理视角将平台解释为促进创新而有目的设计的技术架构，有助于企业实现生产和设计的范围经济，从而实现创新的范围经济。然而，技术管理视角存在以下几个方面局限性：（1）技术管理学者认为平台本质上是一个结构稳定的模块化架构。在结构稳定的模块化架构中，创新发生在模块中，并由稳定的接口促进。因而，这种认识无助于解释平台本身是如何动态演化的。（2）技术管理视角的一系列研究将技术平台和产品平台视为一种同质化非数字平台，缺少对数字平台的深入研究。同时，现有技术管理视角的研究假设平台的模块化架构是由一个整体的设计层次结构控制的，但这一假设不一定适用于数字平台。这是因为数字平台的数据具有同质化、可编辑性、可重编程性、分布性和自指性（Yoo et al.，2010），而且在将实体产品的模块化与软件的分层架构相结合时，所产生的模块化架构通过标准化接口的松散耦合，使得产品在生产后具有新的意义（Facin et al.，2016）。

三、战略管理视角下的平台本质理论

（一）动态能力理论——组织结构

依据动态能力理论，战略管理研究者将平台视为一种整合资源和能力的组织结构（Pierce，2009）。希伯拉（Ciborra，1996）将平台定义为能够在新兴的商业机会和挑战中构建灵活的资源、惯例和结构组合的一种组织结构。胡国栋、王晓杰（2019）认为平台是一种能够将资源和能力灵活整合而形成的新型组织结构。为此，平台不仅能快速适应市场需求和捕获市场机遇，也能够应对由技术变革所带来的市场机遇与挑战。也就是说，在动态复杂的环境下，平台通过感知、把握和适应环境能力，能够敏捷地整合内外部资源和能力，适应外部环境带来的机遇和挑战（朱晓红等，2019）。企业通过构建平台化组织结构，将组织结构演变成由敏捷前台、共享中台和基础后台构成的三台组织架构（李平等，2020；曹仰锋，2021）。其中敏捷前台直接面向客户，为用户直接创造价值。共享中台赋能敏捷前台，连接协同敏捷前台和基础后台。基础后台为敏捷前台和共享中台提供基础技术、工具和方案支持。由此，三台组织架构强调赋能和分权，提高组织的敏捷力，打破了传统科层式组织层级，减少了组织层级。

与传统科层式组织架构相比，三台组织架构能够吸收和整合更多内外部的资源和能力，解决企业经营内容有限、经营范围受到约束、企业边界难以突破和延伸等问题（蔡宁伟，2015），从而能够灵活地应对市场的变化。换句话说，三台组织架构能够为企业跨界进入多个市场提供方便，能够为客户带来可感知的价值，能够让企业获得竞争对手难以模仿的竞争能力。同时，三台式组织架构也带来新的组织治理模型，表现为自治与管控有机结合的治理机制，从而创造一种共治机制。因此，平台作为一种资源和能力的集合体，隐含的理论逻辑是动态能力理论，可以促进企业可以快速灵活地重组内外部资源和能力，以适应动态复杂环境。

（二）战略管理理论——战略工具

战略管理研究者将平台视为一种企业价值创造的战略工具。库舒曼诺和加威尔（Cusumano and Gawer，2002）认为平台战略是对一个网络化商业平台的发起，以便在给定的市场中进行扩展和运营。而网络化商业平台是促进网络用户之间交互和连接的规则和基础设施。与传统战略工具不同，平台不是一种单一的战略工具，包含了很多战略类型。帕克等（Parker et al.，

2016）认为平台战略涉及平台启动、平台开放、平台治理和平台竞争等战略。张小宁（2014）依据时间维度把平台战略分为进入阶段、构建阶段、包络阶段和创新阶段，并分别定义了平台进入、平台构建、平台包络和平台创新等战略。为此，平台的战略工具属性体现在企业对将要构建的平台进行分类与业务模式选择、平台竞争的主要策略与表现形式、平台启动、平台发展、平台布局等进行全局性筹划或谋划。

事实上，平台作为一种战略工具，其优势在于借助平台的网络效应能够构建完善、具有成长潜能的“生态圈”，能够把多种业务价值链进行优化整合，促进企业成为平台领导者。从这个意义上讲，平台战略就是把多种价值链的共有部分进行优化整合，在共有部分基础上构建平台。基于平台战略而形成的商业模式，可以有效解决多样化需求和专业化生产之间的矛盾，形成一种兼具稳定性和扩张性的战略模式。从战略管理理论看，平台战略是企业应对竞争环境和市场失灵的战略决策产物。

（三）价值共创理论——价值共创模式

根据价值创造理论，战略管理研究者认为平台是一种新型价值创造模式。普雷艾姆（Priem，2007）认为，与工业经济时代不同，数字经济时代的价值创造关注点已从生产环节转移到交易环节，这并不意味着生产环节不重要，而是满足多样化、个性化客户需求成为价值创造的难点，这就需要企业与客户进行价值共创，而非单方面创造产品或服务的价值供给。价值共创的核心概念是通过互动而提升相关利益者的“认知价值”（Kohtamaki and Rajala，2016）。这意味着，在价值共创过程中，平台能够将需求盲点和消费痛点、社会闲置资源，通过数字空间的实时互动、信息的交流、资源的交换与移动互联网连接起来，以解决这些需求盲点和消费痛点，可以极大增加平台参与者的认知价值，使得整个价值共创网络的认知价值也得到提升。

事实上，平台通过桥梁作用，实现利益相关者进行价值共创，从而增加参与者的认知价值。同时，平台通过资源共享实现价值互动，以解决需求盲点和消费痛点，进而共创价值。因此，平台作为价值共创主体，本质上是企业实施构建在市场功能基础上的一种新的价值创造商业模式。

综上所述，战略管理视角下，平台不仅是一种整合资源和能力的组织结构，也是一种新型战略工具，也表现为一种新型价值共创模式。战略管理研究者运用动态能力、战略管理、价值创造等理论视角对平台的本质进行解读。尽管战略管理学者对平台的认识存在差异，但这些认识的共同指向是一致的，都强调了企业如何利用平台获取竞争优势和持续经营能力。也就是说，企业通过平台化组织结构、平台战略和平台价值创造模式都是为了促进企业获得持续竞争能力和可持续发展能力。虽然战略管理视角的研究关注平台构建、平台领导、平台品牌、核心竞争能力、组织知识和动态能力等方面展开研究。然而，战略管理学者的研究很大程度上采用了静态或横截面的观点，并没有关注平台架构、平台战略如何随着时间的推移而动态演化。虽然战略管理学者通过动态能力理论阐释平台架构是适应动态复杂环境的产物，但是并未研究平台架构如何随着时间的推移而演化。随着技术发展、新平台架构的引入以及新跨界标准的出现，在改变平台战略方面的作用尚未进行系统的研究（彭毫、罗珉，2020）。

四、产业组织视角下的平台本质理论

（一）市场交易中介

产业组织研究者将平台视为是一种特殊的市场交易中介（Caillaud and Jullien，2003），关注的焦点是平台的连接、匹配和设计功能。与传统市场交易中介不同，哈久和尤菲（Hagiu and Yoffie，2009）认为双边市场平台不拥有产品和服务的所有权，通过实体资产的所有权与其创造的价值的脱钩，促进其两边或多边客户之间的交易效率来获取利润。这种平台一般称其为平台所有者或平台型企业，其显著特点是自身不创造价值，它是为价值创造提供最基础的运行规则、基础设施或环境，因而可以视为一种增殖平台。例如，淘宝、亚马逊等类型的平台型企业。这类平台将过去线下交易转移到第三方共享平台上进行交易的一种方式，突破时空约束，提升交易匹配效率，较低交易成本。

事实证明，不同于传统的市场交易中介，平台凭借数字算法和社群反馈，拥有调整规模和市场协调能力，具有较强的可扩展性。由此，平台的中枢作用表现为：第一，平台通过非对称激励的方式，为平台两侧用户带来了交易机会。例如，腾讯视频免费提供视频内容，以便吸引用户进入，解决了“先有鸡还是先有蛋”的问题。第二，平台提供共享基础设施，降低了跨时空交易的交易成本，例如，京东电商平台可以不受时间、空间限制，可以跨时空完成交易。第三，平台通过降低搜索成本，促进了买家和卖家的匹配。例如，电商平台可以通过数字算法对客户细分和自动匹配，有助于识别合适的交易伙伴。与传统市场中介相比，平台作为一种新型市场中介，具有交易成本低、无时空限制等重要优势，能够有效提升产品和服务的交易效率。因此，平台不仅扮演“红娘”角色或承担交易“中枢”的作用（Armstrong，2006），而且通过引入数字平台，重构了市场交易中介，而不是简单替代市场参与者的环节。

（二）实体和虚拟交易空间或场所

产业组织研究者也将平台视作一种现实或虚拟交易空间或场所，本质上是促进不同类型消费者之间交易的特殊类型市场，主要关注平台的网络效应。诺切特和梯若尔（Rochet and Tirole，2006）将平台定义为一种具有网络外部性的双边市场，能够有效地在交易各方不同类别的最终用户之间进行交叉补贴。由此，产业组织学者区分了两种主要的网络效应：直接网络效应和间接网络效应。直接网络效应是指市场一边的用户影响同边其他用户而产生的网络效应（Eisenmann et al.，2006），能够实现需求侧规模经济。而间接网络效应则是市场一边的用户影响另一边的用户而产生的网络效应（Evans and Schmalensee，2008），能够实现需求侧范围经济。事实上，网络效应是平台的本质特征，反映了消费者群体之间需求的外生依赖性，形成了平台竞争。

平台通过产品和服务交易架构形成网络效应，并利用非中立的价格机制协同不同群体之间交易，使得平台所有者凭借双边市场平台的网络效应获取市场竞争优势，进而形成市场势力，获取价值创造收益，实现"赢者通吃"。从本质上看，平台所有者凭借信息和数据处理优势，将数字平台这只"看得见的手"引入双边或多边市场交易中，利用数字平台协调平台参与各方的交易，通过交叉补贴和定价结构形成网络效应，促进交易的规模经济和范围经济，实现"看得见的手"和"看不见的手"的"握手"，进而推动双边或多边市场的快速增长。这意味着，不同于传统市场，平台是一种非中立的价格制度（Sánchez - Cartas and León，2021），使得数字平台这只"看得见的手"配置资源的能力增强，发挥了配置资源的基础作用。

（三）新型产业组织

麦金太尔等（Mcintyre et al.，2020）将平台描述为一种全新的产业组织形式。也就是说，平台是连接两个或更多特定群体，为他们提供连接和互动机制，满足所有群体的需求，并从中收取中介服务费的经济组织。从这意义上看，平台是以双边或多边网络外部性为特征的经济组织。事实上，平台作为一种经济组织（Hagiu and Yoffie，2009），并不是狭义上的平台型企业或平台所有者，而是囊括了平台所有者、平台参与者等成员。需要明确指出的是，平台在组织模式、边界等方面与传统组织存在巨大差异，平台所有者与平台参与者关系通常不受正式合同的约束，组织边界不受时空限制（Mcintyre et al.，2020）。

事实上，不同于将平台视为一种市场交易中介或交易场所，平台作为一种经济组织，能使我们更好考察平台的演化，如平台的边界演化等。事实上，现实中的平台是不断演化的，但是产业组织研究多是将平台视为一个静止的质点，忽视了平台作为一种组织的动态性。从本质上看，平台是一种利用数字技术以需求为导向的新型产业组织形式。因此，平台作为一种新型产业，使得一些传统的产业组织理论和已有的竞争政策面临新挑战。

综上所述，产业组织学者运用产业组织理论，强调平台与参与者之间的互动，要受到网络效应影响和平台中介更具体环境的影响（Suarez，2005）。产业组织视角下，平台被定义为一个两个或多个市场参与者之间的交易中介、场所或空间。需要指出的是，网络效应是产业组织理论经济模型的基本前提，产业组织研究者把网络效应看作驱动平台竞争的基础动因，主要关注的是市场交易特征、价格水平与定价结构、市场均衡及社会福利等问题。然而，产业组织视角研究存在以下局限：（1）产业组织学者多采用数理经济模型，假定平台架构外生给定的，视平台架构为“隐藏”在双边或多边市场中的一个“质点”（Evans and Schmalensee，2008），缺少从动态角度关注双边（多边）市场平台。因而产业组织视角的研究没有涉及双边（多边）市场平台的动态演化，更没有考虑什么因素决定双边（多边）市场平台的形成和演化。（2）产业组织学者将平台所有者与其互补开发者之间的关系简化为买卖关系，没有考察平台所有者与其互补性开发者之间的竞争性互动，进而将互补性开发者的创新视为一种消费选择（Gawer，2014）。（3）关于间接网络效应的研究，产业组织学者都将平台所有者与互补者之间的关系视为黑盒子，将不同消费者群体之间的需求互补性的存在是理所当然的，被认为是外生的，并假定是不变的。目前，已有研究者认识到产业组织视角的研究局限，进而将平台视为一种新型产业组织形式，关注平台的动态演化过程，弥补前期研究的不足（Mcintyre et al.，2020）。

五、生态系统视角下的平台本质理论

（一）平台生态系统的“轮毂”或控制中心

从作为结构的平台生态系统角度看，平台是平台生态系统内部活动的“轮毂”或控制中心，具有促进与协调创新、改善企业运营、促进消费者间的互动以及多边用户交易等多种功能（Simpson，2004）。提瓦纳（Tiwana，2014）认为平台生态系统是由平台所有者、自治互补者和消费者组成的相互依赖的模块化系统，这些系统的核心和互补组件通过设计规则和总体价值主张绑定在一起。范阿尔斯泰恩（Van Astyne et al.，2016）提出一个更具体的界定，认为平台生态系统是由控制知识产权和治理的平台所有者、连接平台和用户的平台提供者、生产创造产品的平台生产者和使用消费产品的平台消费者组成。依据阿德纳（Adner，2017）的作为结构的生态系统定义，平台生态系统可以定义为多边合作伙伴为实现重点价值主张而相互作用形成的联盟结构。其结构要素涉及活动、行动者、架构。在平台生态系统中，活动是决定如何共同创造价值的离散行动，行动者是互补者和消费者，架构是协调平台生态系统供需双方之间交换的技术交互。

从结构角度看，平台生态系统具有超模块化和生成性两个基本特征。平台生态系统的超模块化表现为一个高度可重复利用的平台架构和一组鼓励创新的互补性组件的超模块化结构（Jacobides et al.，2018），生成性表现为在平台所有者提供平台架构支持基础上，参与者通过个体创新能力促进生成（Henfridsson and Bygstad，2013）。在平台生态系统中，平台所有者提出一个焦点价值主张，并试图确定需要互动的一组参与者，以实现这一主张。平台所有者共享开源技术和技术标准，使得一系列外围互补品提供商能够连接到平台，促进资源和知识有效配置，提升平台生态系统的创新和价值创造潜力。因此，作为结构的平台生态系统继承技术管理视角的理论逻辑，平台所有者为平台生态系统提供了模块化平台架构，使得平台生态系统具有分块和系统集成两个核心功能，通过分块和系统集成对抗结构日益复杂的平台生态系统。

（二）平台生态系统的协调者

从作为从属关系的生态系统角度看，平台是平台生态系统内部成员关系的协调者。与结构角度不同，作为从属关系的生态系统主要关注平台与平台参与者的从属关系。平台是控制和限制平台生态系统中互动的瓶颈（Boudreau，2010）。提瓦纳等（Tiwana et al.，2010）也指出平台是平台生态系统设计和治理的关键因素。在平台生态系统中，平台所有者放弃产品系统组件和模块的所有权和互补性参与者的控制权，通过网络效应和市场势力进行价值创造和获取，自治互补性参与者利用其互补性资产进行价值创造和获取。自治互补者的自主性表现为自治互补者与平台所有者共同创造价值时所拥有的自由度（Ye and Kankanhalli，2018）。根据自治互补者的自主性程度可分为高自治互补者和低自治互补者，高自治互补者与平台所有者存在相互独立的松散耦合关系，低自治互补者与平台所有者相互依赖的紧密耦合战略合作伙伴（Hein et al.，2020）。需要注意的是，平台互补者、参与者和市场体系不是一致的，而是平台所有者构建了平台架构和市场体系，为其他参与者提供共享资源、知识和界面规则，但平台所有者放弃了对产品系统组件和互补模块的所有权和控制权。因此，平台促成的活动往往更独立地构建起来，依赖于模块化的任务、标准化的技术接口和技术促成的沟通渠道，而不是许多传统组织中普遍存在的高度相互依赖的任务、严格的等级控制和协调（Moore，2006）。

事实上，从关系角度看，平台所有者决定平台生态系统中的权力分配和合作关系。依据平台与平台参与者的从属关系可以分为集中式平台生态系统、联盟型平台生态系统和去中心化平台生态系统（Hanseth and Lyytinen，2010）。

（1）集中式平台生态系统，如Facebook、苹果iOS移动操作系统等。在这种情况下，平台作为控制中心，定义、建立和维护治理机制。(2) 联盟型平台生态系统，例如 Cloud Foundry。这意味着一组利益相关者拥有平台，利益相关者共同定义、建立和维护共享平台生态系统的治理机制。(3) 去中心化平台生态系统，如以太坊。这就意味着，用户拥有充分自治权利进行经营，不需要平台控制，能够直接影响平台生态系统的未来方向。通过三种类型平台生态系统，可以发现，平台所有者在平台生态系统中的“协调者”角色，将随着区块链技术的成熟运用逐步削弱，平台所有的权力将逐步被技术所替代。这也预示着平台生态系统中成员关系走向更加平等。平台生态系统由自主的个人或组织组成的，他们在平台的规则和资源中独立地做出决策。

总的来说，生态系统视角下，作为结构的平台生态系统的研究始于价值主张，专注价值创造活动，考察平台与平台参与者之间的行为活动。而作为从属关系的平台生态系统的研究始于行动者，专注价值创造关系，考察平台与平台参与者之间的从属关系。然而，平台无论是“轮毂”还是协调者，从本质上都依赖于平台生态系统的模块化架构。模块化架构是平台生态系统的 DNA，印证平台生态系统具有可演化性。平台所有者凭借对平台生态系统的平台架构控制，实现平台所有者与互补者之间的价值共创。平台生态系统作为一个与环境保持开放交流的附属和相互作用的参与者的社区（曹仰锋，2021），融合技术管理视角的模块化架构、战略管理视角的价值共创和产业组织视角的网络效应等理论要素和逻辑。同时，平台生态系统作为一个由人、组织和网络实体组成的技术支持社区，是由集体目标和选择引导和构建的，强调的是集体生存，有助于实现核心价值主张（Jacobides et al.，2018）。因此，生态系统视角关注的是共生相互依赖的半自治组织网络，平台通过相互作用来构建他们的集体环境、规则和选择。随着平台生态系统的发展，其复杂性的增加促使平台生态系统从一个中心化网络结构发展到一个由点对点社区管理的去中心化网络结构。然而，生态系统视角的研究存在以下局限：(1) 已有研究主要从平台所有者这一主导者视角分析其竞争和治理策略（Eisenmann et al.，2011；朱晓红等，2019），而将平台参与者视为同质化、被动接受治理安排的个体，这难以解释平台参与者多样化的战略选择和绩效差异（王节祥等，2021）。(2) 已有研究多采用了静态或横截面的视角分析平台生态系统的架构、治理等问题，对于平台生态系统如何随着技术变革和时间推移而动态演化关注较少。尽管已有少量研究开始关注平台生态系统的演化（Tiwana，2014），但这些研究并未系统剖析平台生态系统如何与平台架构、平台治理的协同演化。

六、研究总结与展望

本文通过对平台的本质研究的梳理，主要得到如下几点结论。

第一，平台的本质研究大体上经历了从技术管理视角、战略管理视角、产业组织视角向生态系统视角演进。21世纪之前，平台研究聚焦于企业内平台，主要关注基于产品技术平台提升产品开发效率（Meyer et al.，1993）和组织结构平台化提升企业的环境适应能力。技术管理学者最早研究平台现象（Wheelwright and Clark，1992a、1992b；Ulrich，1995；Thomas et al.，2014），主要研究生产情境下的产品技术平台。王节祥、蔡宁（2017）通过文献计量分析也表明平台研究最早出现的是技术管理视角下有关产品开发平台的研究。之后，管理学者从战略管理视角开始研究平台现象（Ciborra，1996），主要关注管理情境下的平台型企业。进入21世纪，平台研究开始聚焦于企业间平台，主要关注双边市场平台和平台生态系统。经济学者从产业组织视角研究平台现象（Rochet and Tirole，2003），主要关注交易情境下的双边市场平台。最近，生态系统学者开始研究平台现象（Tiwana，2014；Jacobides et al.，2018），主要关注创新情境下的平台生态系统。同时，生态系统视角的兴起并不是无源之水，承袭了技术管理视角的研究，但同时又吸纳了战略管理视角和产业组织视角的最新成果，这也使得平台的本质研究避免了视角之间的持续分野而呈现出交叉融合之趋势。

第二，不同研究视角之间仍存在明显差异，技术管理视角主要关注生产情境下的生产技术平台，战略管理视角主要关注管理情境下的平台型企业，产业组织视角主要关注交易情境下的双边市场平台，生态系统视角主要关注创新情境下的平台生态系统，以上视角在研究情境、内涵界定、解决问题、构成要素和主要功能等方面存在明显差异。本文系统总结和对比了四种视角下平台的本质理论，如表2所示。

表2　平台的本质研究对比

研究视角	研究情境	内涵界定	解决问题	构成要素	主要功能	来源
技术管理视角	生产情境下的产品技术平台	一组产品系列共同分享的资产集合	解决产品生产的低成本和多样性问题	组件、流程、知识、人员或关系	通过增加、替代、去除某些特征而实现产品或服务迭代升级，适应用户或市场需求	Ulrich（1995）、Meyer and Lehnerd（1997）、Robertson and Ulrich（1998）
		一种模块化架构	解决需求多样化与大规模定制之间矛盾	核心组件、一组互补组件及界面接口	促进模块内部的自主创新，而且还通过模块间重组实现混合创新	Eisenmann et al.（2006）、Baldwin and Woodard（2009）

续表

研究视角	研究情境	内涵界定	解决问题	构成要素	主要功能	来源
战略管理视角	管理情境下的平台型企业	一种整合资源和能力的组织结构	解决企业经营内容有限、经营范围受到约束、企业边界难以突破和延伸等问题	敏捷前台、共享中台和基础后台	具有感知、把握和适应的能力，以重组和开发企业内部和外部特有的能力	Ciborra（1996）、胡国栋、王晓杰（2019）、朱晓红等（2019）、李平等（2020）、曹仰锋（2021）
		一种战略工具	解决多样化需求和专业化生产之间的矛盾	平台启动、平台开放、平台治理和平台竞争	优化整合多种业务价值链，实施平台战略，促进企业成为平台领导者	Cusumano and Gawer（2002）、Parker et al.（2016）
		一种新型价值创造模式	解决需求盲点和消费痛点、社会闲置资源等问题	平台所有者、生产者、消费者	发挥桥梁作用，实现利益相关者进行价值共创，从增加参与者的认知价值和提升整个价值网的认知价值	Priem（2007）、Kohtamaki and Rajala（2016）
产业组织视角	交易情境下的双边（多边）市场平台	一种交易中介	解决“先有鸡还是先有蛋”问题	平台所有者、不同用户群体	通过平台的连接、匹配和设计功能，突破时空约束，提升交易匹配效率，较低交易成本	Caillaud and Jullien（2003）
		一种现实或虚拟交易空间或场所	解决直接网络效应和间接网络效应问题	双边市场平台、不同用户群体	通过网络效应，“催化”两种不同群体之间的互动，降低其交易成本，实现交易利益	Rochet and Tirole（2006）
		一种新型产业组织	解决平台边界和竞争问题	平台所有者、平台参与者	激活两个或多个特定群体的直接互动而创造价值	Hagiu（2009）、Mcintyre et al.（2020）
生态系统视角	创新情境下的平台生态系统	平台生态系统的“轮毂”或控制中心	解决平台生态系统内创新活动、平台架构设计等问题	平台所有者、平台提供者、产品生产者、产品消费者	具有促进与协调创新活动、提升个体行动者创新动机，完善平台架构等多种功能	Simpson（2004）、Tiwana（2014）、Astyne, et al.（2016）、Jacobides et al.（2018）
		平台生态系统的协调者	解决平台生态系统内成员关系问题	平台所有者、平台互补者和消费者	控制和限制生态系统中成员关系互动	Boudreau（2010）、Tiwana et al.（2010）、Hanseth and Lyytinen（2010）

资料来源：作者整理。

毫无疑问，这四种视角既有独特的魅力，也带着各自的不足，每个视角都不乏真知灼见，也不缺少亟待完善的理论问题。四种视角之间既有冲突，又有重叠，也有互补，使得平台的本质问题进一步复杂化。因此，通过梳理关于平台的本质理论的不同视角，有助于充分理解和有效运用大量的平台研究文献。此外，我们不仅需要对理解过去平台研究成果的帮助，更需要对当前研究的指导。尽管这四种视角出现于不同历史时期，但当前没有成熟理论成功取代其四种研究视角。目前，四种研究视角依然指导着平台研究。

第三，现有平台的本质理论都不能解决两个基本问题。首先，平台的本质研究受历史和情境的局限，没有厘清和抓住平台最一般的特征，致使平台研究视角多元，使得主题零散、结论不一（罗兴武等，2020），很难达成一致的认知。例如，技术管理视角的平台本质理论专注于微观层面的产品或技术平台的模块化结构描述，战略管理视角的平台本质理论专注于微观层面的平台的战略和价值共创功能，产业组织视角的平台本质理论专注于宏观层面的平台的网络效应，生态系统视角的平台本质理论在融合上述三个视角的理论元素，专注于平台在平台生态系统中的轮毂或协调作用。它们都仅着眼于在不同层面平台功能的某些映像，存在“盲人摸象”般的不足。其次，现有理论多数将平台视为一种静态的结构，显然与现实平台不断随时间演化变迁而发展不相符，限制了学者们的理解与掌握，这也是平台的本质理论无法回避的问题。

第四，透视平台的本质理论，平台是从封闭的系统向开放的系统进化。例如，企业内技术或产品的边缘或外围组件或模块外包给外部供应商，企业内部平台演变为供应链平台（Gawer，2009）。随着平台的外部供应商之间产生横向联系和交易，供应链平台又逐步演化为产业平台或平台生态系统（Gawer，2014）。因此，生态系统视角的平台本质理论融合技术管理视角的模块化架构、战略管理视角的价值共创和产业组织视角的网络效应等理论要素。同时，平台本质理论的发展日益向纵深推进，更加强调平台的组织性质——如效率、权力、能力和身份等，更加注重平台的动态性——如不同技术环境的平台，更加重视新分析方法对原有基本理论的改进——如引入动态能力理论、组织理论和商业生态系统理论，都使得对不同状态依赖条件下的平台本质的解释更加复杂、更加深刻，也更加接近真实世界。

基于综述结论可知，平台的本质研究未来可以着重关注以下方面：首先，现有平台的本质研究主要关注平台是什么，关于平台到底是如何形成和演化的鲜有涉及。也就是说，从产品和服务到平台是自然演化的，还是有意识进行设计的？为了回答这一问题，学者们应关注和研究平台的形成和动态演化过程。事实上，平台研究起势于 20 世纪 90 年代互联网技术的兴起

（Bakos，1998），至今已有二十余年发展历史，但是平台的形成、演进路径仍不清晰。其次，现有平台本质的研究主要关注不同情境下平台的具体特征，关于平台的一般性特征却未厘清。也就是说，平台的本质研究应该从“特殊”走向“一般”。事实上，可以发现，四种研究视角间共通的基础是“平台”的两大基本特征，即分工与协同，这两大特征变量进入平台的本质研究，有助于构建平台本质的一般性理论。

总之，本文关注平台的本质研究的现状，梳理了技术管理视角、战略管理视角、产业组织视角以及生态系统视角下的平台的本质研究。本文希望，通过对现有文献进行的回顾，能促进平台的本质理论这一与模块化理论、战略管理理论、产业组织理论、商业生态系统理论和中国实践都密切相关的基础研究受到足够的重视。

参考文献

[1] 蔡宁伟：《自组织与平台组织的崛起》，载《清华管理评论》2015 年第 11 期。

[2] 曹仰锋：《黑海战略——海尔如何构建平台生态系统》，中信出版社 2021 年版。

[3] 胡斌、王莉丽：《物联网环境下的企业组织结构变革》，载《管理世界》2020 年第 8 期。

[4] 胡国栋、王晓杰：《平台型企业的演化逻辑及自组织机制——基于海尔集团的案例研究》，载《中国软科学》2019 年第 3 期。

[5] 李平、孙黎、邹波、薄清文：《虑深通敏　与时偕行——三台组织架构如何应对危机》，载《清华管理评论》2020 年第 5 期。

[6] 刘江鹏：《企业成长的双元模型：平台增长及其内在机理》，载《中国工业经济》2015 年第 6 期。

[7] 刘林青、谭畅、江诗松、雷昊：《平台领导权获取的方向盘模型——基于利丰公司的案例研究》，载《中国工业经济》2015 年第 1 期。

[8] 刘洋、谢丽：《平台研究：知识图谱和理论框架》，载《科学学与科学技术理》2017 年第 11 期。

[9] 罗珉、杜华勇：《平台领导的实质选择权》，载《中国工业经济》2018 年第 2 期。

[10] 罗兴武、林芝易、刘洋、陈帅：《平台研究：前沿演进与理论框架——基于 CiteSpace Ⅴ知识图谱分析》，载《科技进步与对策》2020 年第 22 期。

[11] 彭毫、罗珉：《平台生态系统——价值创造与获取》，北京燕山出版社 2020 年版。

[12] 曲创、刘重阳：《平台竞争一定能提高信息匹配效率吗？——基于中国搜索引擎市场的分析》，载《经济研究》2019 年第 8 期。

[13] 王凤彬、王骁鹏、张驰：《超模块平台组织结构与客制化创业支持——基于海尔向平台组织转型的嵌入式案例研究》，载《管理世界》2019 年第 2 期。

[14] 王节祥、蔡宁：《平台研究的流派、趋势与理论框架——基于文献计量和内容分析方法的诠释》，载《商业经济与管理》2018 年第 3 期。

[15] 王节祥、陈威如、江诗松、刘双：《平台生态系统中的参与者战略：互补与依赖关

系的解耦》，载《管理世界》2021 年第 2 期。

[16] 张小宁：《平台战略研究评述展望》，载《经济管理》2014 年第 3 期。

[17] 朱晓红、陈寒松、张腾：《知识经济背景下平台型企业构建过程中的迭代创新模式——基于动态能力视角的双案例研究》，载《管理世界》2019 年第 3 期。

[18] Adner, R., 2017: Ecosystem as structure. an actionable construct for strategy, *Journal of Management*, Vol. 43, No. 1.

[19] Armstrong, M., 2006: Competition in Two – Sided Markets, *The RAND Journal of Economics*, Vol. 37, No. 3.

[20] Bakos, Y., 1998: The emerging role of electronic marketplaces on the Internet, *Communications of the ACM*, Vol. 41, No. 8.

[21] Baldwin, C. Y. and Clark, K. B., 1997: Managing in an Age of Modularity, *Harvard Business Review*, Vol. 75, No. 5.

[22] Baldwin, C. Y. and von Hippel, E., 2011: Modeling a paradigm shift: from producer innovation to user and open collaborative innovation, *Organization Science*, Vol. 2, No. 6.

[23] Baldwin, C. Y., 2008: Where do transactions come from? Modularity, transactions, and the boundaries of firms, *Social Science Electronic Publishing*, Vol. 17, No. 1.

[24] Baldwin, C. Y. and Clark, K. B. 2000: *Design Rules: The Power of Modularity*. Vol. 1, Cambridge, Mass: MIT Press.

[25] Baldwin, C. Y. and Woodard, C., 2009: The architecture of platforms: A unified view, in: Gawer, A. (ed), *Platforms, markets and Innovation*, UK and Northampton, Mass: Edward Elgar, Cheltenham.

[26] Boudreau, K., 2010: Open platform strategies and innovation: Granting access vs. devolving control, *Operations Research*, Vol. 56, No. 10.

[27] Caffrey, R., Simpson, T., Henderson, R., and Crawley, E., 2002: *The economic issues with implementing open avionics platforms for spacecraft*, Montreal, Canada: 20th AIAA international communications satellite systems conference and exhibit.

[28] Caillaud, B. and Jullien, B., 2003: Chicken and egg: Competition among intermediation service providers, *The RAND Journal of Economics*, Vol. 34, No. 2.

[29] Ceccagnoli, M., Forman, C., Huang, P., and Wu, D. J., 2012: Co – Creation of Value in a Platform Ecosystem: The case of Enterprise Software, *MIS Quarterly*, Vol. 6, No. 1.

[30] Ciborra, C. U., 1996: The Platform Organization: Recombining Strategies, Structures, and Surprises, *Organization Science*, Vol. 7, No. 2.

[31] Cusumano, M. A. and Gawer, A., 2002: The Elements of Platform Leadership, *MIT Sloan Management Review*, No. 43.

[32] Economides, N. and Katsamakas, E., 2006: Two-sided competition of proprietary vs. open source technology platforms and the implications for the software industry, *Management Science*, Vol. 52, No. 7.

[33] Eisenmann, T., Parker, G., and Van Alstyne, M., 2006: Strategies for two-sided markets, *Harvard business review*, Vol. 84, No. 10.

[34] Eisenmann, T., Parker, G., and Van Alstyne, M., 2011: Platform Envelopment, *Strategic Management Journal*, Vol. 32, No. 12.

[35] Eisenmann, T. R., 2008: Managing proprietary and shared platforms, *California Management Review*, Vol. 50, No. 4.

[36] Evans, D. S. and Schmalensee, R., 2008: Markets with Two-sided Platforms? Issues in Competition and Law and Policy, *ABA Section of Antitrust Law*, Vol. 1, No. 28.

[37] Facin, A., Gomes, L., Spinola, M., and Salerno, M. S., 2016: The Evolution of the Platform Concept: A Systematic Review, *IEEE Transactions on Engineering Management*, Vol. 63, No. 4.

[38] Garud, R., Kumaraswamy, A., and Sambamurthy, V., 2006: Emergent by Design: Performance and Transformation at Infosys Technologies, *Organization Science*, Vol. 17, No. 2.

[39] Gawer, A, Cusumano, M., 2008: How companies become platform leaders. *MIT Sloan Management Review*, Vol. 49, No. 2.

[40] Gawer, A., 2010: Platform dynamics and strategies: From products to services, in Gawer, A. (ed), *Platforms, markets and innovation*, Northampton: Edward Elgar.

[41] Gawer, A., 2014: Bridging Differing Perspectives on Technological Platforms: Toward an Integrative Framework, *Research Policy*, Vol. 43, No. 7.

[42] Hagiu, A. and Yoffie, D. B., 2009: What's your Google strategy? *Harvard Business Review*, Vol. 87, No. 4.

[43] Hanseth, O. and Lyytinen, K., 2010: Design theory for dynamic complexity in information infrastructures: the case of building internet, *Journal of Information Technology*, Vol. 25, No. 1.

[44] Hein, A., Schreieck, M., Riasanow, T., Setzke, D. S., Wiesche, M., Böhm, M. and Krcmar, H., 2020: Digital platform ecosystems, *Electronic Markets*, Vol. 30, No. 1.

[45] Henderson, R. M. and Clark, K. B., 1990: Architectural innovation: The reconfiguration of existing product technology and the failure of existing firms, *Administrative Science Quarterly*, Vol. 35, No. 1.

[46] Henfridsson, O. and Bygstad, B., 2013: The generative mechanisms of digital infrastructure evolution, *MIS Quarterly*, Vol. 37, No. 3.

[47] Jacobides, M. G., Cennamo, C., and Gawer, A., 2018: Towards a theory of ecosystems, *Strategic Management Journal*, Vol. 39, No. 8.

[48] Kohtamaki, M. and Rajala, R., 2016: Theory and practice of value co-creation in B2B systems, *Industrial Marketing Management*, Vol. 56, No. 7.

[49] Kotha, S., 1994: Mass Customization: The New Frontier in Business Competition, *The Academy of Management Review*, Vol. 19, No. 3.

[50] Krishnan, V. and Gupta, S., 2001: Appropriateness and Impact of Platform - Based Product Development, *Management Science*, Vol. 47, No. 1.

[51] Mcintyre, D. P. and Srinivasan, A., 2017: Networks, platforms, and strategy: Emerging views and next steps, *Strategic Management Journal*, Vol. 38, No. 1.

[52] Mcintyre, D. P., Srinivasan, A., Afuah, A., Gawer, A., and Kretschmer, T., 2020: Multi-sided platforms as new organizational forms, *Academy of Management Perspectives*, Published Online.

[53] Meyer, M. H. and Lehnerd, A. P., 1997: *The power of product platforms*, New York: The Free Press.

[54] Meyer, M. H. and Seliger, R., 1998: Product platforms in software development, *MIT Sloan Management Review*, Vol. 40, No. 1.

[55] Meyer, M. H. and Utterback, J. M., 1993: The product family and the dynamics of core capability, *Sloan Management Review*, Vol. 34, No. 3.

[56] Moore, J. F., 2006: Business ecosystems and the view from the firm, *Antitrust Bulletin*, Vol. 51, No. 1.

[57] Nobeoka, K. and Cusumano, M., 1997: Multiproject strategy and sales growth: The benefits of rapid design transfer in new product development, *Strategic Management Journal*, Vol. 18, No. 3.

[58] Parker, G., Van Alstyne, M., and Choudary, S., 2016: *Platform revolution: how networked markets are transforming the economy-and how to make them work for you*, New York: W. W. Norton & Company.

[59] Pierce, L., 2009: Big losses in ecosystem niches: How core firm decisions drive complementary product shakeouts, *Strategic Management Journal*, Vol. 30, No. 3.

[60] Piezunka, H., 2011: Technological Platforms - An Assessment of the Primary Types of Technological Platforms, their Strategic Issues and their Linkages to Organizational Theory, *Management Review Quarterly*, Vol. 34, No. 2 - 3.

[61] Prahalad, C. K. and Hamel, G., 1990: The core competence of the corporation, *Harvard Business Review*, Vol. 68, No. 3.

[62] Priem, R. L., 2007: A consumer perspective on value creation, *Academy of Management Review*, Vol. 32, No. 1.

[63] Robertson, D. and Ulrich, K. T., 1998: Planning for Product Platforms, *MIT Sloan Management Review*, Vol. 39, No. 4.

[64] Rochet, J. C. and Tirole, J., 2003: Platform competition in two-sided markets, *Journal of the European Economic Association*, Vol. 1, No. 4.

[65] Rochet, J. C. and Tirole, J., 2006: Two-sided Markets: a Progress Report, *The RAND Journal of Economics*, Vol. 37, No. 3.

[66] Sánchez - Cartas, J. M. and León, G., 2021: Multisided Platforms and Markets: A survey of the theoretical Literature Review, *Journal of Economic Surveys*, Vol. 35, No. 2.

[67] Sanderson, S. and Uzumeri, M., 1995: Managing product families: The case of the Sony Walkman, *Research Policy*, Vol. 24, No. 5.

[68] Simpson, T. W., 2004: Product Platform Design and Customization: Status and Promise, Artificial Intelligence for Engineering Design, *Analysis and Manufacturing*, Vol. 18, No. 1.

[69] Suarez, F. F., 2005: Network effects revisited: the role of strong ties in technology selection, *Academy of Management Journal*, Vol. 48, No. 4.

[70] Teece, D. J., Pisano, G. P., and Shuen, A., 1997: Dynamic capabilities and strategic management, *Strategic Management Journal*, Vol. 18, No. 7.

[71] Thomas, L., Autio, E., and Gann, D., 2014: Architectural Leverage: Putting Platforms in Context, *The Academy of Management Perspectives*, Vol. 28, No. 2.

[72] Tiwana, A., 2014: *Platform ecosystems: Aligning architecture, governance, and strategy*, Burlington: Morgan Kaufmann.

[73] Tiwana, A., Konsynski, B. R., and Bush, A. A., 2010: Research Commentary—Platform Evolution: Coevolution of Platform Architecture, Governance, and Environmental Dynamics, *Information Systems Research*, Vol. 21, No. 4.

[74] Ulrich, K., 1995: The role of product architecture in the manufacturing firm, *Research Policy*, Vol. 24, No. 3.

[75] Van Astyne, M. W., Parker, G. G., and Choudary, S. P., 2016: Pipelines, platforms, and the new rules of strategy, *Harvard Business Review*, Vol. 94, No. 1.

[76] Wheelwright, S. and Clark, K., 1992a: Creating project plans to focus product development, *Harvard Business Review*, Vol. 70, No. 2.

[77] Wheelwright, S. and Clark, K., 1992b: *Revolutionizing product development: Quantum leaps in speed, efficiency, and quality*, New York: Free Press.

[78] Ye, H. J. and Kankanhalli, A., 2018: User service innovation on mobile phone platforms: investigating impacts of lead userness, toolkit support, and design autonomy, *Mis Quarterly*, Vol. 42, No. 1.

[79] Yoo, Y., Henfridsson, O., and Lyytinen, K., 2010: The New Organizing Logic of Digital Innovation: An Agenda for Information Systems Research, *Information Systems Research*, Vol. 21, No. 4.

The Nature of Platforms: A Frontier Survey and Outlook

Chunli Li　Liangmou Gao

Abstract: As the foundation and logical starting point of platform theory research, the nature of platform has been studying. This paper reviews the main theories and most mainstream views on the nature of platform. On the basis of reviewing the theory of nature on platform, the paper systematically makes comparisons and contrast on the similarities and differences from the perspective of technology management, strategic management, industrial organization, and ecosystem. Furthermore, the paper concludes the existing problems in the theoretical research of platform's nature and the forward-looking outlook. Also, the focus of theoretical divergences is further refined. This study, to some extent, strengthens the communication and dialogue among different research perspectives and lays a foundation for subsequent theoretical and empirical researches.

Keywords: Platform Theory　Nature of Platform　Product Development Platform　Platform Strategy　Two-sided Market Platform　Platform Ecosystem

JEL Classification: L00　L20　M00

地方政府的环境行为与居民幸福感

殷金朋　钟彬斌　陈永立*

摘　要：本文匹配中国综合社会调查数据与地级市层面的环境数据，运用有序 Logit 模型等，实证检验地方政府的环境污染容忍和治理努力对居民幸福感的影响，并运用可乘交互效应模型，检验晋升和财税收入双重激励机制的调节效应。研究发现：地方政府的环境污染容忍显著降低了居民幸福感，环境治理努力与居民幸福感呈现倒“U”型关系，且环境治理工具的幸福效应迥异不同；异质性检验发现，中部地区与低收入群体的幸福感变动对污染容忍较为敏感，而东部地区和高收入群体对治理努力更为敏感；晋升激励负向调节污染容忍对居民幸福感的直接影响，财税收入激励正向调节治理努力对居民幸福感的直接影响。使用工具变量缓解内生性问题及其他一系列稳健性检验后，以上结论依然稳健。

关键词：环境污染　环境治理　居民幸福感　政治晋升激励　财税收入激励

一、引　　言

当前，我国已由粗放式的高速经济增长阶段转向“经济社会—生态环境”协同推进的高质量发展阶段，但长期累积的环境污染问题严重威胁着我国经济社会的可持续发展。相关研究显示，2001 ~ 2010 年多达 20 个省份雾霾污染较为严重，集中于中部地区以及偏北的东部地区的 PM2.5 浓度均在 $30\mu g/m^3$ 以上，远超世界卫生组织 $10\mu g/m^3$ 的指导水平值，我国几乎没有地区能够达到该暴露标准（马丽梅、张晓，2014）。2013 年 4 月，习近平总书

* 本文受山东省社会科学规划研究项目“演化博弈视角下地方政府的环境行为选择及其福利效应研究”（19DJJJ10）、烟台市校地融合发展项目“烟台市税收增长的‘十四五’预测及其助推经济高质量发展路径研究”（2021XDRHXMQT20）、山东省高等学校青年创新团队科技支持计划“基于政策性金融视角的技术扩散的政府规制研究”（2019RWE013）资助。
感谢审稿人的专业意见！
殷金朋：山东工商学院金融学院、金融服务转型升级协同创新中心；地址：山东省烟台市莱山区滨海中路 191 号，邮编：264003；E-mail：yinijnpeng1006@163.com。
钟彬斌（通讯作者）：山东工商学院金融学院；地址：山东省烟台市莱山区滨海中路 191 号，邮编：264003；E-mail：icdi1226@163.com。
陈永立：加州大学河滨分校经济学系；地址：3126 Sproul Hall，Riverside，CA，邮编：CA 92521；E-mail：yongli.chen@email.ucr.edu。

记在海南考察时指出："良好生态环境是最公平的公共产品，是最普惠的民生福祉。"党的第十九大报告和十九届五中全会明确提出，要着力解决突出环境问题，着眼美丽中国建设目标，使主要污染物排放总量持续减少，生态环境持续改善，为人民提供更多优质生态产品，以满足人民日益增长的优美生态环境的需要。然而，优质环境资源的公共品性质决定了其不能通过自发的价格机制进行有效的调节，进而导致不合理地配置与使用。因此，政府有必要介入并干预环境污染治理问题。政府的环境保护行为能够引致林达尔准均衡，公共支出等行为的优化对环境质量改善和民生福祉提升具有重要的作用。

进入 21 世纪以来，中央政府逐步加强了环境绩效的考量，我国污染防治力度不断加大，生态环境发生了明显改善。但是，总体环境治理绩效仍然不尽如人意，自上而下的环境政策效果不彰，根源性与趋势性压力尚未得到根本缓解，这可能源于中国式分权体制下的属地环境管理体制和地方政府缺乏独立性的层级代理模式（沈坤荣、金刚，2018）。地方政府作为我国各种环境政策实际执行单位，甚至是政策制定的基本单位，成为了研究环境问题及其福利影响的重要切入点。此外，居民幸福感已经成为了近年来社会科学的核心研究议题之一，大部分学者与决策者认为幸福科学在理论和经验上已经足够成熟（Deaton，2018），幸福感也逐渐演变为衡量经济社会发展和居民生活质量的福利性指标。

鉴于以上考虑，本文基于中国综合社会调查 2003 ~ 2013 年微观数据匹配宏观环境数据形成的 134 个地级市样本，实证检验地方政府的环境污染容忍与治理努力对居民幸福感的影响，并考察政治晋升和财税收入激励机制的调节效应。为此，本文主要内容安排如下：第二部分是文献梳理与述评，第三部分分析了地方政府环境行为影响居民幸福感的理论机制，并提出研究假设，第四部分介绍数据来源、变量选择与实证设计，第五部分在变量描述性统计的基础上，实证检验地方政府环境行为的幸福感效应和双重激励机制的调节效应，最后是主要的结论和政策启示。显然，该议题对于加快推进生态文明建设和体制改革、推动新发展阶段的高质量发展具有重要的意义。

二、文献综述

关于地方政府的环境行为选择及其福利效应的研究主要围绕三个方面展开：一是地方政府环境政策执行偏误的动因分析，多侧重于政治晋升激励机制（孙伟增等，2014；Cai et al.，2016），且认为 GDP 增长导向下的政治晋升机制诱使地方政府"有选择性"地关注与其自身晋升仕途相关的考核指标，将资源更多地分配到能够带来快速经济增长效益的基础设施建设项目上，而较少关注环境保护等民生项目（Wang，2013；Wu et al.，2014）。二是地方政府环境行为的经验研究，其中讨论最多的是分权体制下环境规制是否存在“逐底竞争”（李胜兰等，2014；薄文广等，2018），少数学者探讨了地方政府环境公共支出减少环境污染的净效益（陈思霞、卢洪友，2014；Halkos and Paizanos，2013；魏建、黄晓光，2021）；理论层面的文献则更是缺乏，洛佩兹等（López et al.，2011）在一般均衡框架下发现环境支出对改善环境质量和提升居民福利有着重要作用。三是地方政府环境行为选择的福利效应分析，这支文献与本文的关系较大，这里进行主要的梳理与回顾。具体而言，当前的文献一方面集中于辖区空气污染程度对不同群体造成的身心健康（He et al.，2019）、人力资本（Wang and Wu，2021）、劳动供给（Chang et al.，2019）及经济增长的客观福利损失测度；另一方面转向了辖区环境污染对居民幸福感的影响及其价值评估。

其中，杨继生等（2013）测算得出，1998～2010年我国环境污染成本约占人均实际GDP的8%～10%，PM2.5浓度每下降1个单位，空气质量改善的经济价值约为88.30亿美元。张梦娇等（2021）进一步计算发现，如果PM2.5浓度达到国家二级标准和WHO标准，我国的归因死亡人数较2017年将分别减少8.22%和79.36%，避免经济损失分别为419.63亿美元和4052.21亿美元。显然，居住环境的恶化、健康风险的剧增以及社会成本的总体增加，严重制约着我国居民幸福感的有效提升。就幸福感的研究而言，威尔施（Welsch，2006）开拓性地将主观幸福感引入到环境价值评估中，随后的大量经验研究也在该框架下展开（Levinson，2012；杨继东、章逸然，2014；Ito and Zhang，2020）。针对中国情景，大多数学者运用中国综合社会调查、中国劳动力动态调查数据、中国家庭追踪调查数据等丰富多源的微观数据库，对于环境污染对居民幸福感的负向影响已经基本达成共识（黄永明、何凌云，2013；Zhang et al.，2017）。进一步地，相关学者探讨了居民主观环境感知的幸福感效应（Ferrer-i－Carbonell and Gowdy，2007；储德银等，2017；叶林祥、张尉，2020）。但是，鲜有文献直接分析地方政府环境治理行为的幸福感效应。汪连杰（2018）运用中国综合社会调查2013数据发现，对于城市老年人而言，主观感知的地方政府环境治理的幸福感正向效应要大于中央政府，农村地区则出现了相悖的结论。石华平、易敏利（2020）基于中国综合社会调查2015数据进一步指出，主观感知的环境治理强度对东部地区和高收入群体的居民幸福感存在显著的提升作用，对中西部地区和低收入群体的影响则不显著。

综上文献可以发现，首先，在激励机制方面，现有文献大多是在政治晋升的单一激励情景下讨论地方政府的环境污染排放水平，忽略了财税收入激励机制。即便涉及了财税收入激励，也是关注财政分权引致的府际之间的税收竞争，其背后内隐的仍是理性经济人假设，而非地方政府应对辖区居民环境质量等诉求的利他性治理行为。实际上，地方政府不但要“向上负责”，也要“向下负责”，提高辖区内公共物品的供给水平和质量是财政分权的本意之一（高琳，2012）。因此，应该将地方政府的环境行为放在双重激励机制下考虑。与之较为相近的研究主要有张（Zhang，2020），其讨论了多任务目标下省级政府在经济增长和环境保护目标下的行为逻辑和动态竞争，但其主要考察的是污染物排放相对效率的调节效应。其次，在环境行为及其福利评估方面，多数研究的是空气污染和环境规制的帕累托效率损失，但就目前的敏感生态系统而言，需要一套更为广泛的标准，在兼顾经济效益的同时满足公众的环境需求，使人民获得感、幸福感、安全感更加充实、更有保障、更可持续。并且使用单一指标表征政府治理努力可能会丢失很多信息，弱化政策意涵。因此，本文尝试在综合测度地方政府的环境污染容忍和治理努力水平的基础上，检验它们对居民幸福感的影响和双重激励机制的调节效应。

相比较已有研究，本文可能的边际贡献体现在三个方面：首先，本文将地方政府的环境行为逻辑置于政治晋升和财税收入的双重激励机制下考虑，强调财税收入激励是地方政府本身应对辖区居民环境质量诉求的内在动机，进一步将地方政府的环境行为划分为环境污染容忍和环境治理努力，并基于熵权法全面地测度污染容忍和治理努力水平。其次，通过地级市层面的混合横截面数据，运用有序 Logit 模型等多种离散方法，从地区差异、收入水平、治理工具等异质性方面，全面检视地方政府环境行为对居民幸福感的影响。最后，借助可乘交互效应模型，考察双重激励机制在地方政府环境行为的幸福感效应中的调节效应。

三、理论机制与研究假设

理论上，地方政府的行为目标是社会福利函数的最大化，是生态环境治理和保护的重要推手。根据第一代财政联邦主义理论可知，分权体制促使地方政府利用信息优势，满足辖区居民对优质生态环境等公共品的需求和偏好，并吸引劳动力和资本的进入，形成一个良性的环形增长机制；居民反过来将本辖区政府官员的环境政策选择与相邻地区进行比较，在评价辖区政策制定者的执政成绩的同时，还可以使其在与地方政府官员博弈中处于相对有利的位置，从而促进政府的有效管理（Besley and Coate，2003）。显然，分权体制下科层政府有效运行的基础是清晰的组织目标和信息对称，严重的信息不对称将造成代理人行为的机会主义变异，而现实中辖区内的居民往往不能对地方政府进行有效的监督和约束。并且如果上下级政府间信息传递链条过长，地方政府作为代理人就有足够的能力控制“私人信息”和辖区“自然状态”信息，而这将直接导致地方政府总是处在制度性利益（包含官员个人利益）与辖区居民的利益的矛盾体中（赖诗攀，2013）。因此，政府官员作为理性代理人，会根据辖区资源禀赋等情况来制定相应的地方经济社会发展模式和环境策略，实现政府利益和个人利益最大化的目标，但这可能背离公众福利最大化的目标，损害居民幸福感。

然而，地方政府面临多个委托人的多元目标和实际发生情景，其决策过程是复杂的。但行为的背后总是蕴含着自洽的运行逻辑。无疑，中国式分权可视为地方政府环境行为的逻辑起点和关键性动因，内嵌其中的政治晋升机制和财税收入激励机制在优质环境这一公共品的提供中起着基础性的导向作用（Li and Kung，2015；Jia，2017）。而中国环境问题政策执行上的偏误恰恰主要源于“唯 GDP 增长”激励机制的引导。尽管 2002 年以来中央政府将环境保护纳入了绩效考核体系，但地方政府在完成众多硬性指标中是有优先级的，首要的依然是经济增长目标而非环境保护和居民幸福感，对此官员采取了“选择性执法”“共谋”等策略性行为（周雪光、练宏，2011；Bing et al.，2018），容忍更高水平的环境污染。

当然，地方政府的环境行为不仅仅是政治激励下的官员晋升博弈行为，更是伦理信念和道德追求塑造下的个体利益与公共利益“双向复合”的集体伦理行为，以确保公共利益的实现（周尚君，2021）。能够为地方政府环境绩效提供充裕资金，并反映辖区居民环境偏好的财税收入激励在此方面具有更强的解释力。实际上，以上两种激励机制对应着不同的行为逻辑：GDP 增长是中央政府自上而下的，对政绩评估和政治晋升的控制力，而后者是地方政府自下而上的，对民生工程重视的自主性体现。财税收入激励一方面赋予地方政府更多的自由裁量空间，另一方面也构成了辖区居民民主评价其执政能力的财力来源。因此，应该将财税收入激励纳入地方政府环境行为选择的分析框架。故本文将其引入地方政府的激励机制中，并强调它的利他属性而非个体利益驱动逻辑。

分权赋予地方政府管理本辖区社会经济事物的权限，满足辖区居民的环境质量需求。地方政府要实现该项职能必然追求本地区财税收入的最大化。但是，目前中国的税收收入分享机制和政府间转移支付与地方政府的事权及支出责任并不匹配。分税制改革以来，地方政府以不到 50% 的收入承担了近 75% 的支出责任，2007 年以来在环境保护方面更是承担了 90% 以上的责任。地方政府有限的财政收入资源与支出刚性压力凸显。因此，财政自主收入的稳定性及其可持续增长便成为其重要的激励机制，近年来我国在环境领域实施的一票否决、终生问责和离任审计等制度安排进一步强化了该激励机制的作用。在这样的现实情景下，一方面，财政可自主调动收入的下降直接弱化了环境质量等公共物品提供中的财力保障，可供投入的物质设备、监管人员及其相关补贴有限，严重影响环境治理水平。另一方面，对于能够带来财政收入的大型污染企业，地方政府有动力保护既得利益而默认甚至扭曲上级政府的目标及指令，通过污染企业的选址等规避监管，进而加剧辖区环境污染；反之，随着财政收入压力的不断减小，地方将会减少污染资源的引入并执行更为严格的环境规制等措施（Liang and Langbein，2015；席鹏辉，2017），提高环境治理水平。

显然，在发展初期，辖区居民需求通常较为简单，大部分的诉求集中于发展经济、提高可支配收入水平，这能够和地方政府的行为目标达成一致，居民与政府都能够容忍一定水平的环境污染，经济增长效应可能抵消了污染效应，污染容忍对居民幸福感的影响并不显著。但随着人们物质生活的不断丰富，居民的利益诉求逐渐多样化，倾向于诸如环境质量等更高水平的社会服务性产品的提供（贾俊雪等，2017），要求地方政府提高环境治理努力水平。而这进一步锐化了地方政府支出刚性和财政自主收入之间的矛盾，支出责任不断下沉衍生而来的“压力型财税激励”在地方政府环境行为的幸福感效应中起到的调节作用也越发显著。简言之，财税收入自给情况是地方政府“向下负责”的内在激励和约束条件，对环境治理和居民幸福感有着至关重要的影响。综上，GDP 导向的政治激励强化了地方政府对环境污染水平的容忍度，导致背离社会福利最大化目标越来越远，也越不利于居民幸福感的提升；而财税收入压力的缓解将促使地方政府优化支出结构，增加环境治理支出规模，提供足够的环境公共品保障，有效提升居民幸福感水平。

综合以上理论背景分析和已有研究，我们给出以下地方政府环境行为影响居民幸福感的概念模型（如图 1 所示），并提出以下 4 个有待检验的研究假设。

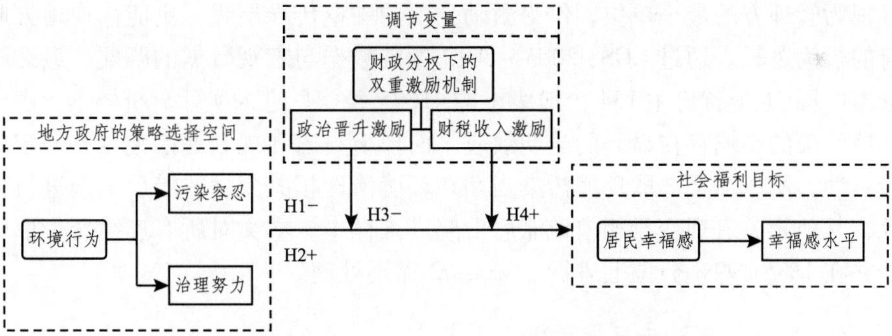

图 1　地方政府环境行为影响居民幸福感的概念模型

研究假设 H1：地方政府的环境污染容忍水平与辖区居民幸福感呈现反向变化关系。

研究假设 H2：地方政府的环境治理努力的提高将有效促进辖区居民幸福感的提升。

研究假设 H3：地方政府的环境行为选择对辖区居民幸福感的影响受到政治晋升激励机制的调节作用，且政治晋升压力越大，环境污染容忍的负向调节效应越显著。

研究假设 H4：地方政府的环境行为选择对辖区居民幸福感的影响受到财税收入激励机制的调节作用，且财税收入压力越小，环境治理努力的正向调节效应越显著。

四、数据、变量与实证策略

（一）数据来源与样本选择

本文采用的微观数据来自中国综合社会调查项目（Chinese General Social Survey，CGSS）①。该项目始于 2003 年，是我国最早的全国性、综合性、连续性学术调查项目。考虑到居民幸福感数据以及地理信息披露情况，本文将 CGSS 2003～2013 纳入基础样本，并剔除幸福有关问题中的“无填答”“拒绝回答”“不知道”“不适合”等缺失值。匹配后的样本结构与原始样本基本一致，而且“比较幸福”“非常幸福”的人群占比由 2003 年的 38.02% 增长到 2011 年的 80.26%，尔后呈现下降趋势，2013 年下降至 73.23%。

根据《中华人民共和国环境保护法》及相关环保法规条例可知，县级市环保局构成各种环境政策实际执行的基本单位，甚至是政策制定（上级环保部门未作规定的内容）。但是，CGSS 项目组并未公开县（区）、乡镇街道及村/居委会的名称、地理位置以及行政编码等信息，限于数据的可得性，本文以地级市政府作为研究对象。相对于国家和省级环保机构，地级市环保局可视为管理方的最小单位，作为激励分配的中枢传导层级，更能体现地方政府的行为逻辑。通过 CGSS 2003～2013 微观数据与宏观数据的匹配，最终筛选出中国 31 个省份中 134 个地级市的 41605 条信息进入实际分析样本。由于环境污染的影响存在显著的当期效应，而环境支出和规制等措施具有一定的滞后性，所以本文选取环境污染当期和环境治理相关变量的滞后 1 期进行估计，其他相关宏观变量相应地滞后 1 期进入样本。本文对所有连续变量取对数并在 1% 和 99% 分位上进行了 winsor2 缩尾处理。

（二）指标选取与变量测算

本文的被解释变量是居民幸福感（h），采用问卷中的自陈主观幸福感来衡量。主观幸福感能够反映居民身心一致的福利评价，可视为客观的代理变量（Deaton，2018；Benjamin et al.，2021）。CGSS 2003～2013 将该问题设置为“总体而言，您对自己所过的生活的感觉怎么样?”或“总的来说，您觉得您的生活是否幸福?”或“整体来说，您觉得您快不快乐”。相应的选项为“非常不幸福（=1）、不幸福（=2）、一般（或说不上幸福不幸福 =3）、

---

① 本文数据得到了中国综合社会调查（CGSS）项目组的支持，特此致谢。

幸福（=4）和非常幸福（=5）”。

本文的解释变量是地方政府的环境行为，我们将其划分为环境污染容忍程度和环境治理努力。虽然学界对于“环境污染容忍度”并未给出严格的界定，但其易于理解和量化，往往指代地方政府能够容忍的辖区内各类主体所排放的环境污染物的水平。就环境治理而言，现有研究一般将其限于环境公共支出、环境规制等显性的正式制度，但环境案件处理和监管人员等投入也表征了政府的环境治理努力。因此，环境治理的广义概念框架应该包含所有的与环境治理相配套和协调的元素。为较为全面地测度地方政府的环境污染容忍水平和治理努力，我们借鉴原毅军、谢荣辉（2014）的思路，采用熵权法对其客观赋权进行测算。设观测值 P_{ij} 为地级市 i 的第 j 种污染物或治理行为的观测值，通过式（1）将其标准化，消除量纲的影响：

$$p_{ij} = \frac{P_{ij}}{\sum_{i=1}^{n} P_{ij}} \tag{1}$$

设 e_j 为第 j 种污染物或治理行为的熵值，p_{ij} 为观测值对应的标准化结果，其计算公式为式（2）：

$$e_j = -\frac{1}{\ln n}\sum_{i=1}^{n} p_{ij}\ln p_{ij} \tag{2}$$

进而得到第 j 种污染物或治理行为的权重 ω_j：

$$\omega_j = \frac{1 - e_j}{m - \sum_{j=1}^{m} e_j} \tag{3}$$

具体而言，地方政府环境污染容忍水平（compullo）的子指标包括工业废水排放量（water）、工业二氧化硫排放量（SO_2）、工业氮氧化物排放量（NO_x）、工业烟（粉）尘排放量（dusty）和 PM2. 5。前四种污染物数据来自历年《中国城市统计年鉴》，PM2. 5 提取于范·唐克勒等（van Donkelaar et al.，2018）提供的 1998 ~ 2016 年的 PM2. 5 数据。地方政府环境治理努力（envirmaga）的子指标包括环境污染治理投资额（ef）、生态保护和环境治理业从业人数（ep）、工业二氧化硫去除量（eSO_2）、工业烟（粉）尘去除量（edusty）、一般工业固体废物综合利用率（esolid）和污水处理厂集中处理率（ewater）。其中，环境污染治理投资额截止到 2008 年，工业二氧化硫去除量截止到 2011 年，生态保护和环境治理业从业人数以第三产业——水利环境和公共设施管理业的从业人数来替代。

图 2 刻画了 2003 ~ 2013 年我国 134 个地级市的污染容忍水平和环境治理努力的测算结果。可以发现，各地级市政府的环境污染容忍水平的均值逐年下降，治理努力的均值则呈现了“下降 - 上升 - 下降”且总体上升的变化趋势，在 2010 年和 2011 年出现了大幅上升，这可能与环境保护“十一五”规划的目标实现有关。并且在 2008 年之后，环境治理努力的均值明显高于污

染容忍水平。

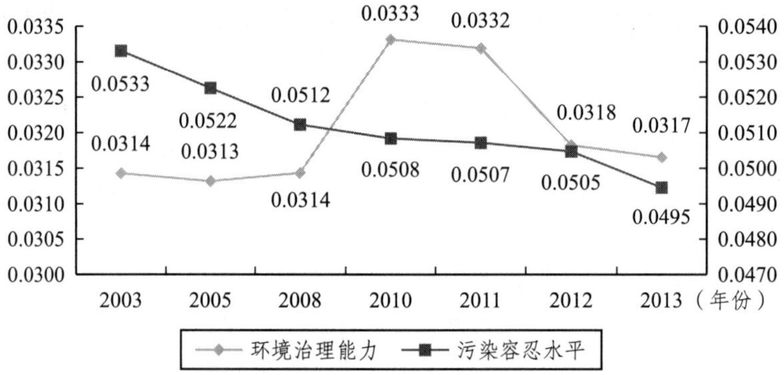

图 2　2003 ~ 2013 年我国 134 个地级市的环境污染容忍和治理努力水平均值

考虑到各地经济社会环境的异质性特征也会对地方政府的行为演变产生重要影响，本文将人均 GDP（rgdpw）、产业结构（第二产业增加值/GDP，industy）、财政分权（fincen）、实际使用外资金额（fdi）、客运量（passenger）、失业率（年末城镇登记失业人数/年末单位从业人数，unploment）、公共服务均等化水平（每百人公共图书馆藏书，eps）、互联网宽带接入情况（link）等宏观变量也纳入了控制变量。此外，年龄（age）、种族（ethnic）、受教育程度（educ）、性别（gender）、绝对收入（abincome）、婚姻（marital）、户籍（hukou）、政治面貌（party）等因素与居民幸福感密切相关，因此加入以上受访者的社会学和人口学特征向量。

调节效应分析中，引入政治晋升激励（light）和财税收入激励（fiscal）。政治晋升涉及经济绩效、官员的人口学—社会学特征以及人际关系等，不能单纯地以某个指标来衡量。因此，结合数据的可得性和可信性，我们采用各地级市的夜间灯光数据这一事后变量来量化。该数据来源于 Harvard Dataverse，其将 DMSP 数据和 VIIRS 数据衔接，构成了连续时间的面板结构（Chen et al.，2021）。另外，本文关注的是地方政府本身回应辖区居民环境诉求的能力，即地方政府提供环境质量等公共物品的自主融资能力，因此利用地方财政自给率来衡量财税收入激励机制。财政自给率 = 地方一般公共预算收入/地方一般公共预算支出，且相对于单纯的财政收入和财政支出型指标而言，只有该指标所刻画的财政分权对公共物品提供具有正向作用（高琳，2012）。为避免多重共线性的影响，对以上调节变量进行均值中心化处理。

（三）模型设定与计量方法

为检验地方政府环境污染容忍和治理努力对辖区居民幸福感的影响，检验研究假设 H1 和 H2，我们构建计量模型（4）：

$$H_{ijt} = \alpha + \eta Local_{jt} + \gamma Indu'_{ijt} + \lambda Maro'_{jt} + \zeta_j + \xi_t + \varepsilon_{ijt} \quad (4)$$

其中，H_{ijt}表示地级市 j 第 t 年第 i 个居民的自陈幸福感，$Local_{jt}$表示地方政府的环境污染容忍（$compullo_{jt}$）或治理努力（$fenvirmaga_{jt}$），$Indu'_{ijt}$、$Maro'_{jt}$分别表示第 t 年受访者的社会学—人口学特征向量和宏观控制向量，ζ_j和 ξ_t 分别表示地区固定效应和时间固定效应，ε_{ijt}为随机扰动项。当解释变量为污染容忍时，若系数 η 小于零，则说明假设 H1 成立；当解释变量为治理努力时，若系数 η 大于零，则研究假设 H2 成立。由于被解释变量是离散有序型数据，使用无序 Logit 模型、随机参数 Logtit 模型等将损失部分信息，因此我们主要采用有序 Logit 模型（Ordered Logit Model，OLM），并采用随机有序 Logit 面板模型（Random - Effects Ordered Logistic Models，REOLM）和最小二乘法（OLS）估计进行比较与佐证。为尽可能地剔除混杂因素的干扰，本文将有序数据转化为二值分类变量，使用面板 Ordered Probit 模型等进行稳健性检验。

为考察双重激励机制的调节效应，检验研究假设 H3 和 H4，我们在模型（4）的基础上加入调节变量（$moderator_{jt}$）及其与解释变量的交互项（$moderator_{jt} \times Local_{jt}$），构建调节效应检验模型（5）：

$$\begin{aligned} H_{ijt} = \beta + \rho \, moderator_{jt} + \eta Local_{jt} + \theta \, moderator_{jt} \times Local_{jt} \\ + \gamma Controls + \zeta_j + \xi_t + \varepsilon_{ijt} \end{aligned} \quad (5)$$

其中，Controls 表示控制变量，θ 表示调节效用大小，此时地方政府环境行为对居民幸福感的线性边际影响为（η + θmoderator）。该部分采用海纳姆勒等（Hainmueller et al.，2019）提出的可乘交互效应模型（Multiplicative Interaction Models），考察解释变量的幸福感效应是否会随着激励机制发生改变。

五、实证结果与分析

（一）描述性统计及相关性分析

表 1 报告了主要变量的描述性统计特征及其相关系数。可以发现，地方政府的环境污染容忍与居民幸福感显著负相关（$r = -0.046$，$p < 0.001$），环境治理努力、环境治理努力的平方项与居民幸福感均显著正相关（$r = 0.038$，$p < 0.001$；$r = 0.016$，$p < 0.001$），这提示两者之间可能存在非线性关系；而调节变量与居民幸福感的相关系数不显著，但与环境污染容忍和治理努力正相关，这与研究假设 H3 和 H4 基本一致。通过方差膨胀因子检验发现，地方政府的环境污染容忍、治理努力、政治晋升激励和财税收入激励的 VIF 分别为 1.93、1.41、3.65 和 3.53，均小于经验值 5，表明以上变量之间不存在多重共线性。

表 1 主要变量的统计性特征与相关系数

变量	均值	标准差	1	2	3	4	5
1 h	3. 640	0. 862	1				
2 compullo	0. 053	0. 043	-0. 046 ***	1			
3 fenvirmaga	0. 031	0. 023	0. 038 ***	0. 053 ***	1		
4 light	1. 442	2. 136	0. 027	0. 340 ***	0. 271 ***	1	
5 fiscal	0. 643	0. 226	-0. 007	0. 316 ***	0. 143 ***	0. 535 ***	1

注：*** $p<0.01$，** $p<0.05$，* $p<0.1$；政治晋升激励与财税收入激励的均值和标准差均为原值，观测值为 41605 个。

为更直观地刻画地方政府环境行为与居民幸福感的关系，图 3 绘制了污染容忍、治理努力和幸福感之间的拟合趋势线。不难发现，地方政府的污染容忍水平与幸福感之间呈现出了明显的负相关关系，而治理努力与幸福感之间呈现出了二次型关系，这为本文的研究假设 H1 和 H2 提供了初步的经验支持。

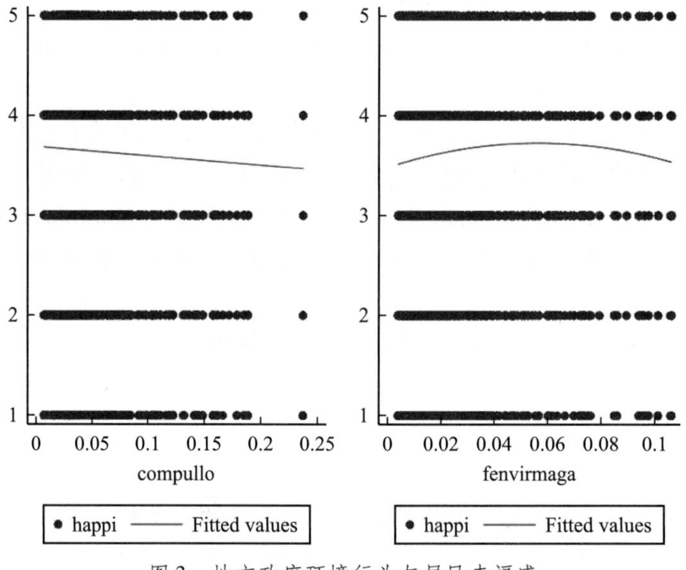

图 3 地方政府环境行为与居民幸福感

（二）基本结果分析

表 2 报告了基于模型（4）的基本回归结果。其中，第（1）~（5）列是运用有序 Logit 模型的估计结果，第（6）列和第（7）列是基于随机有序 Logit 面板模型的估计结果，第（8）列和第（9）列则是采用最小二乘法的估计结果。

表 2　地方政府环境行为对居民幸福感的影响效应估计

解释变量	OLM					REOLM		OLS	
	(1)	(2)	(3)	(4)	(5)	(6)	(7)	(8)	(9)
compullo	0.554 (0.76)	-3.816 *** (-3.46)				-3.021 ** (-2.18)		-1.672 *** (-3.74)	
fenvirmaga			1.799 *** (2.66)	7.470 *** (3.14)	6.275 ** (2.46)		6.187 *** (2.71)		2.215 ** (2.04)
$fenvirmaga^2$				-54.415 ** (-2.51)	-54.401 ** (-2.34)		-58.568 *** (-2.76)		-21.197 ** (-2.12)
gender		-0.155 *** (-7.43)			-0.130 *** (-6.75)	-0.155 *** (-7.69)	-0.131 *** (-6.76)	-0.061 *** (-7.13)	-0.052 *** (-6.38)
age		-0.088 *** (-18.12)			-0.098 *** (-20.90)	-0.089 *** (-15.79)	-0.098 *** (-21.85)	-0.036 *** (-18.80)	-0.041 *** (-21.16)
age^2		0.001 *** (20.01)			0.001 *** (21.46)	0.001 *** (17.57)	0.001 *** (22.48)	0.000 *** (21.01)	0.000 *** (21.72)
ethnic		-0.235 *** (-5.08)			-0.220 *** (-5.14)	-0.216 *** (-2.86)	-0.210 *** (-5.25)	-0.084 *** (-4.77)	-0.078 *** (-4.40)
educ		0.107 *** (5.15)			0.128 *** (6.68)	0.108 *** (4.33)	0.127 *** (6.65)	0.047 *** (5.55)	0.059 *** (7.33)

续表

解释变量	OLM					REOLM		OLS	
	（1）	（2）	（3）	（4）	（5）	（6）	（7）	（8）	（9）
hukou		-0.173 *** （-6.42）			-0.189 *** （-7.45）	-0.181 *** （-5.11）	-0.194 *** （-7.72）	-0.069 *** （-6.33）	-0.078 *** （-7.30）
party		0.252 *** （7.70）			0.278 *** （9.49）	0.254 *** （8.60）	0.280 *** （9.13）	0.096 *** （6.83）	0.111 *** （9.24）
abincome		0.331 *** （25.84）			0.377 *** （32.56）	0.329 *** （17.98）	0.375 *** （33.89）	0.140 *** （28.40）	0.164 *** （33.70）
marital		0.618 *** （19.37）			0.647 *** （21.62）	0.619 *** （17.62）	0.648 *** （22.97）	0.266 *** （21.76）	0.283 *** （22.17）
fincen		0.422 （1.31）			0.838 *** （3.30）	0.145 （0.32）	0.468 ** （2.23）	0.218 * （1.67）	0.364 *** （3.43）
fdi		-0.027 （-0.30）			0.230 *** （3.63）	0.060 （0.46）	0.140 *** （3.21）	-0.005 （-0.13）	0.100 *** （3.63）
passenger		-0.006 （-0.06）			0.062 （0.63）	-0.080 （-0.60）	-0.130 * （-1.85）	-0.013 （-0.28）	0.014 （0.34）
unploment		-0.059 （-1.17）			-0.034 （-0.70）	-0.043 （-0.40）	-0.037 （-0.85）	-0.016 （-0.75）	-0.008 （-0.39）

续表

解释变量	OLM					REOLM		OLS	
	(1)	(2)	(3)	(4)	(5)	(6)	(7)	(8)	(9)
eps		0.068 (1.07)			0.108 ** (2.31)	0.013 (0.12)	0.043 (1.02)	0.012 (0.45)	0.033 * (1.65)
link		0.097 (0.90)			0.085 (1.00)	0.015 (0.10)	−0.071 (−1.12)	0.038 (0.90)	0.011 (0.32)
观测值	41605	36055	41605	41605	41002	36055	41002	36055	41002
城市固定效应	YES	YES	YES	YES	YES	NO	NO	YES	YES
年份固定效应	YES	YES	YES	YES	YES	YES	YES	YES	YES
(Pseudo −) R^2	0.041	0.067	0.041	0.042	0.068			0.144	0.140
Log likelihood	−49202	−40917	−49199	−49196	−47110	−41114	−47317		
极值点				0.0686 ** (1.70)	0.0577 *** (2.03)		0.0528 *** (2.59)		0.05226 *** (2.03)

注：*** $p<0.01$，** $p<0.05$，* $p<0.1$；括号内数值表示估计参数的 t 统计量；后续实证检验均加入了以上控制变量（Controls），限于篇幅不再列示。

从表 2 可以发现，大部分的回归结果显示，至少在 5% 的统计水平上，地方政府环境污染容忍的估计系数显著为负，即地方政府的环境污染容忍水平越高，辖区居民幸福感越低，这验证了研究假设 H1；地方政府环境治理努力的一次项系数为正且二次项系数显著为负，即地方政府的环境治理努力与居民幸福感之间呈现出倒“U”型关系，部分支持了研究假设 H2。

具体而言，表 2 第（1）列控制了城市固定效应（City FE）和年份固定效应（Year FE），但未加入控制变量，污染容忍的估计系数不显著且为正。第（2）列在控制城市和年份固定效应的同时加入了控制变量①，估计参数的显著性和方向发生了实质性的变化。这说明前者可能存在较为严重的遗漏变量问题，进一步计算 AIC 得到两者的标准值分别为 98692.48 和 82135.84，表明嵌套模型的估计结果更为有效。第（6）列所对应回归方程的 LR 检验在 10% 的统计水平上不显著，表明 REOLM 并不比 OLM 有效。因此，地方政府的污染容忍行为以第（2）列为基准模型进行分析。可以发现，控制其他变量不变的情况下，在 1% 的统计水平上，环境污染容忍的估计系数显著且为 -3.816，即地方政府环境污染容忍水平增加 1 个单位，辖区居民幸福感提升的可能性会下降 3.816 个 logit 单位。② REOLM 和 OLS 的估计结果均显示，污染容忍在 5% 的统计水平上显著为负。以上结果均表明，在 2003 ~ 2013 年，我国地级市政府的环境污染容忍水平的提高不利于辖区居民幸福感的有效提升。

表 2 第（3）~（5）列是在控制了城市和年份固定效应的基础上，分别添加地方政府环境治理努力一次项、二次项和控制变量的估计结果，三者的系数并未发生实质性变化，AIC 检验值分别为 98685.78、98681.59、94534.12，且第（7）列的 LR 检验在 10% 的统计水平上不显著，这表明嵌套模型（5）更为有效。由第（5）列可知，控制其他变量不变的情况下，在 5% 的统计水平上，环境治理努力的一次项和二次项均显著，进一步通过测试真实倒“U”型关系存在与否的程序 utest，得到拐点为 0.05767。显然，该极值点位于环境治理努力区间内［0.00229，0.21310］，并在 1% 的统计水平上显著且左侧斜率为正值，因此拒绝原假设，确定地方政府环境治理努力与居民幸福感之间呈现倒“U”型关系。进一步分析样本看到，2003 ~ 2013 年，有 124 个地级市的环境治理努力水平未达到该拐点，仅有 28 个地级市超过了该拐点，其中超幅 50% 的有 14 个城市③。这说明大部分城市仍处于倒

① 由于 CGSS2005 缺少自评健康的数据，导致样本量减少为 36055 条信息。

② 鉴于环境治理努力的二次型关系，我们在嵌套模型中也加入了污染容忍的二次项进行估计。OLM 结果显示，在 1% 的统计水平上，其一次项显著为负（coef = -6.424，t = -2.93），但二次项并不显著（coef = 11.529，t = 1.35）。后续的实证分析中我们均进行了同样的验证策略，发现了该结论的稳健性，限于篇幅不再列示。

③ 这些城市是上海市（2010）、天津市（2011）、西安市（2003）、大连市（2005、2008）、海口市（2005）、兰州市（2012）、长春市（2003、2008）、包头市（2008）、宜昌市（2005）、景德镇（2005）、来宾市（2008）、曲靖市（2005）、新乡市（2008）、玉溪市（2005）。

"U"型曲线的左侧，即加强环境治理努力就会提升辖区居民幸福感的区域，这也在一定程度上验证了研究假设H2的观点。

（三）异质性分析

由前文的理论机制分析可知，地方政府一方面面临着资源禀赋、经济增长、技术能力及不同收入水平的复杂情景，而这些因素在不同的发展阶段可能会转变某些环境行为对居民福祉的作用方向（Halkos，2014）；另一方面，地方政府的环境行为选择将受制于居民对公共服务的实际需求，并不是一味地增加环境支出规模等就可以改善居民幸福感。因此，我们进一步考察了地区差异、政策窗口、收入水平、污染物种类、治理工具的异质性效应，以更深入地剖析地方政府环境行为影响幸福感的特征规律。鉴于基准回归结果的分析，这里主要使用有序Logit模型进行估计。

1. 地区异质性

地区差异按传统的东部、中部和西部划分，并构造地区虚拟变量（locaiton），分别赋值为3、2和1。表3汇报了地区异质性的回归结果。其中，该表的第（1）~（6）列是未加入环境行为与地区虚拟变量交乘项（Local × locaiton）的结果，第（7）、（8）列是加入了该交乘项的结果。由第（1）、（3）、（5）列可知，无论地级市处于哪个地区，控制其他变量不变的情况下，至少在10%的统计水平上，污染容忍的估计系数显著为负，且中部地区的系数值最大。由第（2）、（4）、（6）列可知，在1%的统计水平上，东部和中部地区的地方政府的环境治理努力与居民幸福感呈现显著的倒"U"型关系，而西部地区呈现出了"U"型关系；进一步地，通过utest程序计算得到东中西部的拐点分别为0.05604、0.059478、0.06817。显然，东部地区的拐点最低，而西部地区的"向好"拐点值也较高，这说明东部地区较之于中部和西部地区对于治理努力更为敏感。第（7）、（8）列的交乘项显示，环境污染容忍的地区差异并不显著，但环境治理努力的地区差异在1%的统计水平上显著为正，说明地方政府的环境治理努力的加强将显著提升居民幸福感，而且在西部更为明显，这与上述拐点值的高低相互印证。

2. 政策窗口异质性

由图2可知，地方政府环境治理努力在2010年和2011年出现了大幅的波动，这可能与我国的经济社会发展规划有关，因此引入时间维度考察政策窗口（potime）的异质性。本文的样本横跨三个经济和社会发展规划期，我们将处于"十五"期间的2003年、2005年赋值为1，"十一五"期间的2008年和2010年赋值为2，处于"十二五"期间的2011年、2012年和2013年赋值为3。表4汇报了政策窗口的异质性回归结果。该表中第（1）、（5）列显示，在1%的统计水平上，"十五""十二五"期间地方政府环境污染容忍的系数显著为负，且后期影响更为显著。第（2）、（6）列显示，在1%的

表3 地区的异质性估计结果

解释变量	东部		中部		西部		交乘项	
	(1)	(2)	(3)	(4)	(5)	(6)	(7)	(8)
compullo	−4.391** (−2.39)		−13.075** (−2.02)		−3.826* (−1.80)		−6.187*** (−2.92)	
fenvirmaga		27.479*** (6.58)		14.591*** (2.79)		−30.090*** (−5.41)		−3.500 (−1.07)
$fenvirmaga^2$		−241.858*** (−6.30)		−127.889*** (−2.79)		219.139*** (4.38)		−70.301*** (−3.04)
compullo × location							1.167 (1.33)	
fenvirmaga × location								4.732*** (5.35)
Controls	YES	YES	YES	YES	YES	YES	YES	YES
观测值	15612	18075	11285	12753	9158	10174	36055	41002
城市固定效应	YES	YES	YES	YES	YES	YES	YES	YES
年份固定效应	YES	YES	YES	YES	YES	YES	YES	YES
Pseudo − R^2	0.0679	0.0714	0.0679	0.0714	0.0679	0.0714	0.0673	0.0679
Log likelihood	−17083	−20080	−12993	−14887	−10660	−11931	−40916	−47096
极值点		0.0560*** (6.00)		0.0595*** (2.33)		0.0682*** (3.12)		

注：*** $p<0.01$，** $p<0.05$，* $p<0.1$；括号内数值表示估计参数的t统计值。

表4　政策窗口的异质性估计结果

解释变量	十五		十一五		十二五		交乘项	
	(1)	(2)	(3)	(4)	(5)	(6)	(7)	(8)
compullo	-4.609* (-1.79)		-2.868 (-0.35)		-24.867*** (-7.30)		-2.403** (-2.11)	
fenvirmaga		13.924*** (2.69)		46.403 (1.24)		16.610** (2.17)		2.463 (0.87)
$fenvirmaga^2$		-132.750*** (-3.16)		-477.072 (-1.28)		-115.946* (-1.91)		-61.788*** (-2.65)
compullo × potime							-2.348*** (-4.40)	
fenvirmaga × potime								2.377*** (3.03)
Controls	YES	YES	YES	YES	YES	YES	YES	YES
观测值	14758	14363	6128	6128	20511	20511	36055	41002
城市固定效应	NO	YES	YES	YES	YES	YES	YES	YES
年份固定效应	YES	YES	YES	YES	YES	YES	YES	YES
$Pseudo-R^2$	0.0150	0.0675	0.0642	0.0675	0.0490	0.0675	0.0675	0.0677
Log likelihood	-16966	-15607	-7488	-7572	-22312	-22642	-40908	-47105
极值点		0.0545*** (2.65)		0.0419 (0.52)		0.0671* (1.60)		

注：*** $p<0.01$，** $p<0.05$，* $p<0.1$；括号内数值表示估计参数的t统计值。

统计水平上，“十五”“十二五”期间地方政府环境治理努力二次项的系数显著为负，且前期面临的拐点（0.05446）要低于后者（0.06705）。第（7）、（8）列显示，在 1% 的统计水平上，环境污染容忍与治理努力的估计系数显著且分别为负值和正值，这表明随着经济社会的发展以及环境政策的收紧，地级市政府环境污染容忍水平的提高对居民幸福感的负向影响越发显著，而环境治理努力的正向影响也越明显。这进一步佐证了研究假设 H1 和 H2 的观点。

3. 收入水平异质性

收入水平按照问卷提供的相对收入等级设定并作为虚拟变量（reincome）。CGSS 问卷中相应的问题设置为“您家的家庭经济状况在所在地属于哪一档?”，赋值高于平均水平/远高于平均水平 =3、平均水平 =2、低于平均水平/远低于平均水平 =1。表 5 报告了该项检验的回归结果。其中，第（1）、（3）、（5）列显示，污染容忍的系数均为负，且只有低收入群体在 1% 的统计水平上显著；治理努力的二次项在每个群体均不显著，但一次项在高收入群体的显著为正。第（7）、（8）列的结果显示在 1% 的统计水平上，地方政府的环境污染容忍和治理努力的系数均显著为负，说明它们对幸福感的提升效应在高收入群体不断弱化。这也说明，高收入群体幸福感的变动对地方政府的环境行为选择更为敏感。这与表 2 发现的大中城市在倒“U”型曲线右侧以及表 3 中东部地区拐点最低的发现相一致。

表 5 收入水平的异质性估计结果

解释变量	低收入群体		中收入群体		高收入群体		交乘项	
	(1)	(2)	(3)	(4)	(5)	(6)	(7)	(8)
compullo	-4.626*** (-2.83)		-1.799 (-1.01)		-4.872 (-1.10)		-15.427*** (-12.94)	
fenvirmaga		-0.599 (-0.55)		0.406 (0.33)		4.845* (1.72)		-23.506*** (-22.59)
compullo × reincome							6.619*** (23.94)	
fenvirmaga × reincome								14.447*** (31.91)
Controls	YES	YES	YES	YES	YES	YES	YES	YES
观测值	14718	17667	17445	19204	3892	4131	36055	41002
城市固定效应	YES	YES	YES	YES	YES	YES	YES	YES
年份固定效应	YES	YES	YES	YES	YES	YES	YES	YES
Pseudo - R^2	0.0677	0.0677	0.0677	0.0677	0.0677	0.0677	0.0745	0.0787
Log likelihood	-18115	-21766	-17752	-19733	-3889	-4164	-40602	41002

注：*** $p<0.01$，** $p<0.05$，* $p<0.1$；括号内数值表示估计参数的 t 统计值。

4. 污染物种类与治理工具异质性

污染物主要检验各子指标当期的异质性效应，治理工具则考察环境污染治理投资额（ef）、生态保护和环境治理业从业人数（ep）和环境规制（fers）滞后 1 期的影响。其中，环境规制强度借鉴傅京燕和李丽莎（2010）的思路，利用污染物排放达标率和利用率来计算，不同的是我们采用熵权法进行权重的设定。表 6 中第（1）~（5）列显示，控制其他变量不变的情况下，至少在 5% 的统计水平上，除二氧化硫外，各类污染物的容忍水平的系数均为显著为负，且 PM2.5 的系数值最大，其次是氮氧化物和污水。而这三者是对人们日常生活影响较为直接的污染物。这进一步佐证了研究假设 H1 的确切性。第（6）~（8）列显示，在 1% 的统计水平上，环境污染治理投资额的估计系数显著为负，生态保护和环境治理业从业人数的估计系数显著为正，环境规制及其二次项均不显著但为正值。这表明环境治理工具的幸福感效应大相径庭。① 其中，环境污染治理投资额为负的原因可能在于，2003 年和 2008 年地方政府将更多的资金用于教育支出等类别了。由《中国城市年鉴》提供的数据可知，在这两年内，我国 306 个地级市的财政支出中有 19.70% 分配给了教育事业费支出，而仅有 6.58% 用在了环境污染治理上。这也在一定程度上验证了研究假设 H2 的观点，环境公共支出规模一定程度的提高将有效促进居民幸福感的提升。

表 6　污染物种类与治理工具的异质性估计结果

解释变量	(1)	(2)	(3)	(4)	(5)	(6)	(7)	(8)
water	-0.413*** (-2.75)							
SO_2		-0.087 (-1.31)						
NO_x			-0.638*** (-3.12)					
dusty				-0.189** (-1.97)				
PM2.5					-3.889*** (-8.79)			
ep						-0.242*** (-3.68)		

① 需要注意的是，本文的污染治理投资额数据仅有 2003 年和 2008 年两期，当前的福利影响有待进一步验证。

续表

解释变量	(1)	(2)	(3)	(4)	(5)	(6)	(7)	(8)
ef							0.923*** (6.45)	
fers								0.273 (0.29)
$fers^2$								1.078 (0.28)
Controls	YES	YES	YES	YES	YES	YES	YES	YES
观测值	36055	36055	36055	36055	35643	41002	14363	40431
城市固定效应	YES	YES	YES	YES	YES	YES	YES	YES
年份固定效应	YES	YES	YES	YES	YES	YES	YES	YES
Pseudo - R^2	0.0672	0.0672	0.0673	0.0672	0.0683	0.0680	0.0688	0.0681
Log likelihood	-40919	-40922	-40917	-40921	-40451	-47092	-15606	-46477

注：*** $p<0.01$，** $p<0.05$，* $p<0.1$；括号内数值表示估计参数的t统计值。

（四）调节效应分析

本部分采用可乘交互效应模型，考察地方政府环境行为的幸福感效应是否会随着政治晋升与财税收入激励机制发生方向性以及强度的改变。我们采用海纳姆勒等（Hainmueller et al.，2019）提供的估计策略和诊断方法，来估计并判断结论的可靠性和有效性①。

1. 基于分箱估计方法的调节效应估计

首先，使用粗略（roughly）分箱估计法，检验两种激励机制不同取值下地方政府环境行为对居民幸福感的边际效应。图4报告了基于分箱方法的调节效应估计，上半部分（a）、（b）图分别考察的是政治晋升和财税收入激励对污染容忍对幸福感负向影响的调节效应，下半部分（c）、（d）图则刻画了两种激励对治理努力对幸福感正向影响的调节效应。以上估计的Wald检验的P统计值均为0.0000，接受原假设，即线性交互模型与分箱估计在统计学上无差异。但可以看到，政治晋升激励的分箱估计与线性交互模型的差异较大，但下文基于固定效应的估计与之基本吻合，财税收入激励的分箱估计与线性交互模型大致上相近。因此，这里以线性模型结果作为基准进行调节效应的剖析。

① 具体的检验程序请参见http：//yiqingxu.org/software.html。

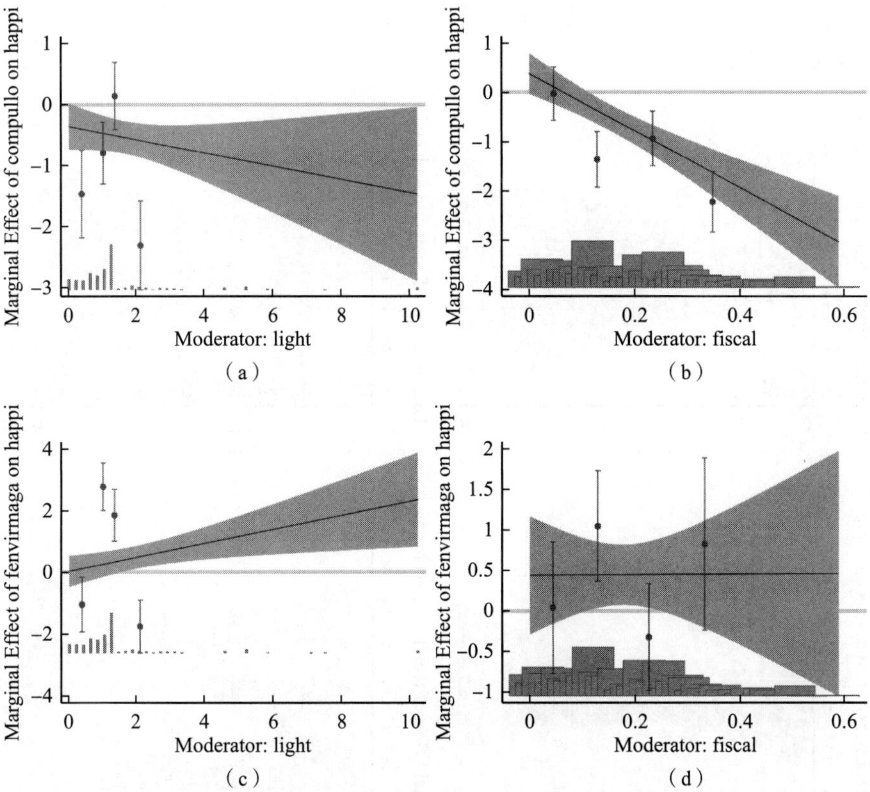

图4　基于分箱方法的调节效应估计

具体来说，图4中（a）显示，随着政治晋升压力的增大，地方政府环境污染容忍对居民幸福感的边际效应值不断减小，即负向影响越发显著；图（b）显示，随着财税收入的增强或财税压力的弱化，环境污染容忍对居民幸福感的负向边际效应不断减小，这从侧面说明在政府自有资源比较丰裕时，辖区居民会关注其环境支出规模及绩效；图（c）显示，随着政治晋升压力的增大，地方政府环境治理努力对居民幸福感的正向边际效应不断上升；图（d）显示，随着财税收入的增强或财税压力的弱化，环境治理努力对居民幸福感的正向边际效应波动较大，但总体上为正。这与研究假设H3和H4基本相符。

2. 基于固定效应方法的调节效应估计

观察图4可知，虽然分箱估计的Wald统计值显示接受原假设，但四个分箱估计量在一定程度上偏离了模型的拟合域，尤其是政治晋升激励。这可能由模型设定偏误或存在固定效应引发。因此，我们采用固定效应方法进一步分析，以识别更多的箱估计信息，保证以上结论的稳健性。图5刻画了基于固定效应方法的调节效应估计。图5中（a）、（b）、（c）、（d）所对应估计的Wald检验的P值分别为0.0256、0.0000、0.0076和0.0126，接受线性交互作用的原假设。可以发现，即便是政治晋升激励，分箱估计量也大部分处于模型的拟合区域，而且环境治理努力的正向调节效应更为显著，这与研究假设 H4 高度吻合。

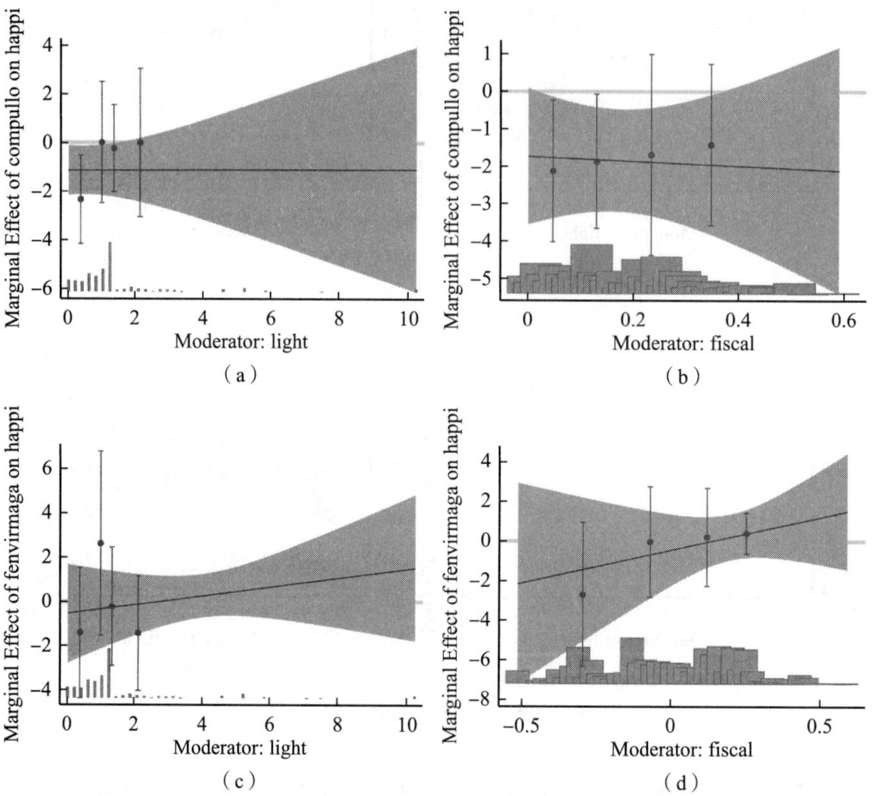

图 5 基于固定效应方法的调节效应估计

（五）稳健性检验

在异质性分析的基础上，我们着重从内生性问题、更换被解释变量的量化方法和更换计量方法等方面进行稳健性分析，从而印证上述结论的可靠性。

1. 内生性问题

相关文献发现了居民幸福感对亲环境行为的逆向影响，并存在着“辖区客观环境污染→居民幸福感→亲环境行为”的传导路径（马晓君等，2019）。这提醒我们地方政府环境行为与居民幸福感之间可能存在反向因果关系，以及遗漏变量问题，而其导致的内生性问题可能带来有偏估计。因此，本文引入各地级市年平均温度滞后 1 期的对数值（temp），作为地方政府环境行为的工具变量以缓解内生性。现有研究已证实了温度等气象条件是环境质量及其治理的重要影响因素（Hosler，2010），同时人们受限于时空认知范围，其幸福感与滞后 1 期温度的直接相关性较弱，即逻辑上满足相关性和外生性的条件。原始的气温数据来源于中国气象数据网公布的观测站点的日度数据，计算时先使用反距离加权插值法形成网格点数据，再进行平均取对数。

在估计方法上，采用鲁德曼（Roodman，2011）提出的条件混合过程的建模框架（conditional mixed process，CMP），其内嵌了 Ordered Probit 的工具变量法（IV-oprobit），能够提供一致性的有效估计。由于被解释变量和解释变量数据类型的不同，我们在包含被解释变量和解释变量的主方程中使用的是 Ordered Probit 方法，包含解释变量和内生变量的次方程使用的则是 OLS 估计。当两阶段回归方程的残差项相关时，表明内生性的存在。表 7 报告了 IV-oprobit 的回归结果。可以发现，模型（1）和模型（2）的两阶段回归方程的 athanrho 参数在 1% 的统计水平上均显著，这说明存在内生性。不过，改进后的混合过程回归结果仍然支持上文的基本结论，即至少在 10% 的统计水平上，地方政府的环境污染容忍与居民幸福感的关系显著为负，环境治理努力与幸福感之间呈倒“U”型关系。

表 7　基于 IV-oprobit 的回归结果

解释变量	(1)	(2)
compullo	-23.136*** (-50.47)	
fenvirmaga		39.115*** (38.35)
$fenvirmaga^2$		-7.850* (-1.91)
temp	0.028*** (51.97)	-0.003*** (-11.67)
Controls	Yes	
观测值	41605	41605
城市固定效应	YES	YES
年份固定效应	YES	YES
atanhrho_12	1.6389*** (11.13)	-1.301*** (-14.28)
Log likelihood	32463.335	50603.318

注：*** $p<0.01$，** $p<0.05$，* $p<0.1$；括号内数值表示估计参数的 t 统计值。

2. 更换被解释变量的量化方法

表 2 给出了幸福感赋值为 1~5 的估计结果，表 8 则报告了幸福感赋值为 0~1 的结果（非常不幸福/不幸福/一般 =0，幸福/非常幸福 =1）。由于转换后的数据类型适用于更多的计量方法，因此本文引入综合了线性概率模型和 Logit 模型两者优势的线性判别模型（LDM），使得参数估计更为稳定（Hippel et al.，2020），结果如表 8 中第（3）、（4）列所示。第（5）、（6）列

表 8　更换被解释变量后的回归结果

解释变量	Logit		LDM		FE		REOLM	
	(1)	(2)	(3)	(4)	(5)	(6)	(7)	(8)
compullo	−3.506*** (−2.76)		−3.683* (−1.69)		−0.704* (−1.71)		−2.300 (−1.58)	
fenvirmaga		11.004*** (3.70)		11.944** (2.43)		2.353* (1.70)		10.921** (2.04)
$fenvirmaga^2$		−108.347*** (−3.91)		−116.151*** (−2.61)		−22.882** (−1.99)		−109.249** (−2.38)
观测值	36055	41002	36055	41002	36055	41002	36055	41002
城市固定效应	YES	YES	YES	YES	YES	YES	YES	YES
年份固定效应	YES	YES	YES	YES	YES	YES	NO	NO
(Pseudo −) R^2	0.118	0.125	−0.472	−0.474	0.091	0.099	YES	YES
Log likelihood	−20328	−23684	−33917	−39881			−20517	−23871
极值点		0.0508*** (3.67)		0.0514*** (2.41)		0.0514** (1.68)		0.0500*** (2.01)

注：*** $p<0.01$，** $p<0.05$，* $p<0.1$；括号内数值表示估计参数的 t 统计值。

是面板固定效应的估计结果。表 8 中第（1）、（3）、（5）列显示，至少在 10% 的统计水平上，地方政府的环境污染容忍的估计系数显著为负，第（7）列虽不显著但也为负值。第（2）、（4）、（6）、（8）列则显示，至少在 5% 的统计水平上，环境治理努力与幸福感之间存在显著的二次型函数关系且平方项系数为负，即两者是倒"U"型关系，并且对应的极值点显著且与表 2 的拐点相近。这表明了前文基本结论的稳健性和可靠性。

3. 更换计量方法

上文的分析中，在使用有序 Logit 模型的基础上，同时报告了 OLS、固定效应模型和随机有序 Logit 面板模型等方法的估计结果，这里进一步使用多元混合效应有序 Logit 方法（Multilevel Mixed - Effects Ordered Logistic Regression，Meologit）、有序 Probit（oprobit）和工具变量的两阶段最小二乘法（CMP - 2SLS），以佐证所得结论的稳健性。表 9 报告了更换计量方法后的结果。可以看到，表 9 各列估计结果的显著性与方向和表 2 基本一致。换言之，无论采用哪种估计方法，在 1% 的统计水平上，均显示地方政府环境污染容忍的系数显著为负，而环境治理努力的一次项系数显著为正、二次项的系数显著为负，且拐点显著并与表 2 的极值点相近。这进一步论证了基本结论的稳健性。

表 9　更换计量方法后的回归结果

解释变量	Meologit		oprobit		CMP - 2SLS	
	(1)	(2)	(3)	(4)	(5)	(6)
compullo	-2.300*** (-2.44)		-2.009*** (-2.65)		-17.705*** (-4.66)	
fenvirmaga		10.921*** (4.22)		6.644*** (3.72)		32.527*** (10.16)
$fenvirmaga^2$		-109.249*** (-4.47)		-64.694*** (-3.90)		-24.315*** (-7.30)
temp					0.028*** (51.97)	-0.003*** (-11.67)
Controls	YES	YES	YES	YES	YES	YES
观测值	36055	41002	36055	41002	41605	41605
城市固定效应	NO	NO	YES	YES	YES	YES
年份固定效应	YES	YES	YES	YES	YES	YES
(Pseudo -) R^2			0.118	0.124		
Log likelihood	-20517	-23871	-20327	-23690	52193	72851

续表

解释变量	Meologit		oprobit		CMP－2SLS	
	(1)	(2)	(3)	(4)	(5)	(6)
atanhrho_12					1.2561 ** (6.63)	－1.187 *** (－13.30)
极值点		0.04998 *** (4.18)		0.05135 *** (3.70)		0.0514 ** (1.68)

注：*** $p<0.01$，** $p<0.05$，* $p<0.1$；括号内数值表示估计参数的t统计值。

六、结论与启示

随着人们对优美生态环境需求的日益增长，我国政府不断加强生态环境破坏和污染的治理。虽然生态环境质量好转但成效尚未稳固，仍需建立健全污染治理体系，持续改善环境质量，以不断提升人们的获得感和幸福感。由此，本文在理论层面着重分析了地方政府“激励机制—环境行为选择—居民幸福感”的运行逻辑，并强调了财政收入激励是个体利益与公共利益“双向复合”的集体伦理属性，尝试统合科层制度中的权威关系，以给出技术治理—价值实现分析的统一框架。进一步地，利用中国综合社会调查提供的2003～2013年微观数据，匹配我国134个地市级政府层面的环境污染容忍和环境治理等数据，综合运用有序型数据的计量方法，探究了地方政府的环境行为对居民幸福感的影响，检验了政治晋升和财税收入激励机制的调节效应。

实证研究发现：（1）地方政府环境污染容忍水平的提高不利于辖区居民幸福感的有效提升，PM2.5、氮氧化物和工业废水的负向影响更为显著，并且中部地区、低收入群体和较近的政策窗口对其更为敏感。（2）现阶段大部分地方政府的环境治理努力有效地提升了居民幸福感，但是两者之间也呈现出了较为稳健的倒“U”型关系。其中，环境治理工具的福利效应迥异不同，环境污染治理投资显著为负，从业人数显著为正，环境规制则不显著。进一步地异质性检验发现，东部地区和高收入群体对环境治理努力更为敏感，在西部地区两者则呈现出了“U”型曲线，且极值点较高。（3）调节效应检验发现，政治晋升压力越大，地方政府环境污染容忍对居民幸福感的负向调节作用越显著；财税收入压力越小，地方政府环境治理努力对居民幸福感的正向调节作用越显著。

据此，本文得出政策启示：第一，进一步弱化地方政府官员唯GDP发展的晋升观念，合理设定并落实减少环境污染物的排放量任务，贯彻一票否决和终生问责等制度，切实推进并完善生态文明绩效评价考核和责任追究制度。第二，将更多的注意力放在环境质量的持续改善上，合理分配并压实上下级政府之间的权责任务，有效地限制地方政府采取“选择性执法”或与企业“共谋”等行为，避免造成更为严重的生态破坏和环境污染。第三，关注环境公平，引入主观幸福感的评价维度，建立并创新环境污染治理的评价指标和体系，完善地区之间和收入群体之间的环境成本转移与补偿机制，以调动全社会成员积极主动地参与环境保护与治理。第四，坚持更为严厉的环境政策，制定严格的规制标准，着重优化公共支出结构，加强环境公共支出的投入规模，并充分考虑政策工具的差异，构建适用于不同情景的环境政策工具体系。

参考文献

[1] 薄文广、徐玮、王军锋:《地方政府竞争与环境规制异质性：逐底竞争还是逐顶竞争?》，载《中国软科学》2018年第11期。

[2] 储德银、何鹏飞、梁若冰:《主观空气污染与居民幸福感——基于断点回归设计下的微观数据验证》，载《经济学动态》2017年第2期。

[3] 陈思霞、卢洪友:《公共支出结构与环境质量：中国的经验分析》，载《经济评论》2014年第1期。

[4] 高琳:《分权与民生：财政自主权影响公共服务满意度的经验研究》，载《经济研究》2012年第7期。

[5] 黄永明、何凌云:《城市化、环境污染与居民主观幸福感——来自中国的经验证据》，载《中国软科学》2013年第12期。

[6] 傅京燕、李丽莎:《环境规制、要素禀赋与产业国际竞争力的实证研究——基于中国制造业的面板数据》，载《管理世界》2010年第10期。

[7] 贾俊雪、张晓颖、宁静:《多维晋升激励对地方政府举债行为的影响》，载《中国工业经济》2017年第7期。

[8] 马丽梅、张晓:《中国雾霾污染的空间效应及经济、能源结构影响》，载《中国工业经济》2014年第4期。

[9] 马晓君、王常欣、张紫嫣:《环境“二维化”视角下的居民幸福感量化研究：来自中国CGSS数据的新证据》，载《统计研究》2019年第9期。

[10] 赖诗攀:《问责、惯性与公开：基于97个公共危机事件的地方政府行为研究》，载《公共管理学报》2013年第2期。

[11] 李胜兰、初善冰、申晨:《地方政府竞争、环境规制与区域生态效率》，载《世界经济》2014年第4期。

[12] 沈坤荣、金刚:《中国地方政府环境治理的政策效应——基于“河长制”演进的研究》，载《中国社会科学》2018年第5期。

[13] 石华平、易敏利:《环境治理、高质量发展与居民幸福感——基于CGSS（2015）微观调查数据的实证研究》，载《管理评论》2020年第9期。

[14] 孙伟增、罗党论、郑思齐、万广华:《环保考核、地方官员晋升与环境治理——基于2004~2009年中国86个重点城市的经验证据》，载《清华大学学报（哲学社会科学版)》2014年第4期。

[15] 魏建、黄晓光：《中国环境财政政策组合推动工业绿色转型的作用机制研究》，载《中山大学（社会科学版）》2021 年第 2 期。

[16] 汪连杰：《社会治理、环境治理与老年人主观幸福感研究——基于 CGSS（2013）数据的实证分析》，载《财经论丛》2018 年第 5 期。

[17] 席鹏辉：《财政激励、环境偏好与垂直式环境管理——纳税大户议价能力的视角》，载《中国工业经济》2017 年第 11 期。

[18] 杨继生、徐娟、吴相俊：《经济增长与环境和社会健康成本》，载《经济研究》2013 年第 12 期。

[19] 杨继东、章逸然：《污染的定价：基于幸福感数据的分析》，载《世界经济》2014 年第 12 期。

[20] 叶林祥、张尉：《主观空气污染、收入水平与居民幸福感》，载《财经研究》2020 年第 1 期。

[21] 原毅军、谢荣辉：《环境规制的产业结构调整效应研究——基于中国省际面板数据的实证检验》，载《中国工业经济》2014 年第 8 期。

[22] 张梦娇、苏方成、徐起翔、张瑞芹、魏煜、谢刘震：《2013 ~ 2017 年中国 PM2.5 污染防治的健康效益评估》，载《环境科学》2021 年第 2 期。

[23] 周尚君：《地方政府的价值治理及其制度效能》，载《中国社会科学》2021 年第 5 期。

[24] 周雪光、练宏：《政府内部上下级部门间谈判的一个分析模型——以环境政策实施为例》，载《中国社会科学》2011 年第 5 期。

[25] Benjamin, D. J., Guzman, J. D., Heffetz, O., and Kimball, M., 2021: What Do Happiness Data Mean? Theory and Survey Evidence, *NBER Working Paper*, No. 28438.

[26] Besley, T. and Coate, S., 2003: Centralized versus Decentralized Provision of Local Public Goods: A Political Economy Approach, *Journal of Public Economics*, Vol. 87, No. 2.

[27] Bing, Z., Xiaolan, C., and Huanxiu, G., 2018: Does Central Supervision Enhance Local Environmental Enforcement? Quasi—experimental Evidence from China, *Journal of Public Economics*, No. 164.

[28] Cai, H., Chen, Y., and Gong, Q., 2016: Polluting Thy Neighbor: Unintended Consequences of China's Pollution Reduction Mandates, *Journal of Environmental Economics and Management*, No. 76.

[29] Chang, T. Y., Zivin, J. G., Gross, T., and Neidell, M., 2019: The Effect of Pollution on Worker Productivity: Evidence from Call Center Workers in China, *American Economic Journal: Applied Economics*, Vol. 11, No. 1.

[30] Chen, Z., Yu, B., Yang, C., Zhou, Y., and Wu, J., 2021: An Extended Time Series (2000 – 2018) of Global NPP – VIIRS – Like Nighttime Light Data from a Cross – Sensor Calibration, *Earth System Science Data*, Vol. 13, No. 3.

[31] Deaton, A., 2018: What Do Self – Reports of Well-being Say about Life – Cycle Theory and Policy? *Journal of Public Economics*, No. 162.

[32] Ferrer-i – Carbonell, A. and Gowdy, J. M., 2007: Environmental Degradation and Happiness, *Ecological Economics*, Vol. 60, No. 3.

[33] Halkos, G. E. and Paizanos, E. A., 2013: The Effect of Government Expenditure on the Environment: An Empirical Investigation, *Ecological Economics*, Vol. 91, No. 6.

[34] Halkos, G. E., 2014: Exploring the Effect of Economic Growth and Government Expenditure on the Environment. *MPRA Paper*, No. 56084.

[35] Hainmueller, J., Mummolo, J., and Xu, Y., 2019: How Much Should We Trust Estimates from Multiplicative Interaction Models? Simple Tools to Improve Empirical Practice, *Political Analysis*, Vol. 27, No. 2.

[36] He, G. J., Liu, H., and Salvo, A., 2019: Severe Air Pollution and Labor Productivity: Evidence from Industrial Towns in China, *American Economic Journal: Applied Economics*, Vol. 11, No. 1.

[37] Hippel, P., Williams, R., and Allison, P., 2020: REG2LOGIT: Stata Module to Approximate Logistic Regression Parameters Using OLS Linear Regression, *Statistical Software Components*, No. 11.

[38] Hosler, C. R., 2010: The Meteorology Program of the Environmental Protection Agency, *Bulletin of the American Meteorological Society*, Vol. 56, No. 12.

[39] Ito, K. and Zhang, S., 2020: Willingness to Pay for Clean Air: Evidence from Air Purifier Markets in China, *Journal of Political Economy*, Vol. 128, No. 5.

[40] Jia, R. X., 2017: Pollution for Promotion, 21*st Century China Center Research Paper*, No. 2017 - 05.

[41] Levinson, A., 2012: Valuing Public Goods Using Happiness Data: The Case of Air Quality, *Journal of Public Economics*, Vol. 96, No. 9.

[42] Li, H. and Kung, K. S., 2015: Fiscal Incentives and Policy Choices of Local Governments: Evidence from China, *Journal of Development Economics*, Vol. 116.

[43] López, R., Galinato, G. I., and Islam, A., 2011: Fiscal Spending and the Environment: Theory and Empirics, *Journal of Environmental Economics and Management*, Vol. 62, No. 2.

[44] Liang, J. and Langbein, L., 2015: Performance Management, High - Powered Incentives, and Environmental Policies in China, *International Public Management Journal*, Vol. 18.

[45] Roodman, D., 2011: Fitting Fully Observed Recursive Mixed - Process Models with CMP, *The Stata Journal*, Vol. 11, No. 2.

[46] Welsch, H., 2006: Environment and Happiness: Valuation of Air Pollution Using Life Satisfaction Data, *Ecological Economics*, Vol. 58, No. 4.

[47] Wang, A., 2013: The Search for Sustainable Legitimacy: Environmental Law and Bureaucracy in China, *Harvard Environmental Law Review*, Vol. 37, No. 2.

[48] Wang, F. and Wu, M., 2021: Does Air Pollution Affect the Accumulation of Technological Innovative Human Capital? Empirical Evidence from China and India, *Journal of Cleaner Production*, Vol. 285, No. 20.

[49] Wu, J., Deng, Y. H., Huang, J., Morck, R., and Yeung, B. Y., 2014: Incentives and Outcomes: China's Environmental Policy, *Capitalism and Society*, Vol. 9, No. 1.

[50] Zhang, P., 2020: Target Interactions and Target Aspiration Level Adaptation: How Do Government Leaders Tackle the "Environment-conomy" Nexus? *Public Administration Review*, Vol. 81, No. 2.

[51] Zhang, X., Zhang, X., and Chen, X., 2017: Happiness in the Air: How Does A Dirty Sky Affect Mental Health and Subjective Well-being? *Journal of Environmental Economics and Management*, No. 85.

Environmental Behavior of Local Government and Subject Well-being

Jinpeng Yin Binbin Zhong Yongli Chen

Abstract: The paper analyses the empirical research of the influence of the local government's environmental behavior on the residents' subject well-being, and the moderating effects of political promotion and fiscal incentives based on the CGSS 2003 – 2013 using the ordered logit model and multiplicative interaction models respectively. The results show that: the environmental degradation tolerance of local governments significantly go against residents' subject well-being, but there are "inverted U-shaped" relationships between the environmental governance and residents' subject well-being. Analysis on heterogeneity show that: the changes of subject well-being of the central regions and low-income groups are more sensitive to degradation tolerance, but the eastern regions and high-income groups are more sensitive to environmental governance efforts. Political promotion incentive negatively moderates the relationship of between environmental degradation tolerance and subject well-being, and fiscal incentive positively moderates the relationship of between environmental governance efforts and subject well-being. Finally, we introduce instrumental variable to alleviate endogenous problems and a series of other methods to test the robustness of the above conclusions, and the conclusions are still robust.

Keywords: Environmental Degradation Environmental Governance Subject Well-being Political Promotion Fiscal Incentive

JEL Classification: H50 H73 Q58

要素市场扭曲与企业出口产品质量
——理论机制与实证检验

范爱军　郑志强　马永健*

摘　要：通过合并匹配中国工业企业数据库、中国海关数据库和中国专利数据库，从理论和实证两个层面研究了要素市场扭曲对企业出口产品质量的影响及其作用机制。结果发现：要素市场扭曲显著抑制企业出口产品质量升级，使用工具变量法和变换代理变量后，结论依然成立；考虑企业特征、行业特征和地区特征的异质性分析结果表明，要素市场扭曲对一般贸易企业、民营企业、中西部企业的抑制作用更大，对资本密集型行业和劳动密集型行业的影响大于技术密集型行业；中介效应模型结果显示，企业生产率和固定成本投入效率是要素市场扭曲影响企业出口产品质量升级的重要途径。基于以上研究结论，本文提出完善要素市场资源配置机制、构建高质量生产体系以提高企业生产率和固定成本投入效率的政策建议。

关键词：要素市场扭曲　出口产品质量　企业生产率　固定成本投入效率

一、引　　言

“十四五”规划纲要和党的十九大报告均明确强调，建设质量强国，推动我国经济由大向强转变，实现高质量发展。提升制造业企业出口产品质量是质量强国战略在企业层面的重要体现。尽管中国对外贸易总额位居全球前列，近些年来产品绝对出口质量也有所提升，但与主要发达经济体相比，中国整体出口产品质量仍存在一定差距。要素市场是我国区别于传统市场经济国家的重要方面，要素市场化改革不仅有利于改善资源配置效率，还有利于

---

* 本文受国家社科基金重大项目“我国海外园区全球布局的空间选择与协同治理研究”（19ZDA137）、中国博士后科学基金面上项目“新时代中美货币和贸易政策的双向溢出效应与协调研究”（2019M653676）资助。
感谢两位匿名审稿人的专业意见！
范爱军：山东大学经济学院；地址：山东省济南市山大南路 27 号，邮编：250100；E-mail：fanaj@ 163. com。
郑志强：山东大学经济学院；地址：山东省济南市山大南路 27 号，邮编：250100；E-mail：dazhiwhu@ foxmail. com。
马永健：湖北经济学院金融学院，湖北金融发展与金融安全研究中心；地址：湖北省武汉市江夏区藏龙岛开发区杨桥湖大道 8 号，邮编：430205；E-mail：myjwhu2008@ sina. com。

提升企业创新能力和国际竞争力。“要素市场化配置改革取得重大进展”也是我国“十四五”时期社会经济发展的六大目标之一，是推动经济高质量发展的重要支撑。随着改革开放的持续推进，我国整体市场化程度逐渐提高。但是相较于产品、服务市场，我国要素市场仍存在较大扭曲，并且中西部地区比东部地区扭曲程度更大，呈现比较明显的地区差异（见图 1）。要素市场扭曲会导致要素市场配置低效或者失灵，从供给侧对企业的市场化运作产生扭曲效应，进而对企业生产和出口行为产生连锁影响。

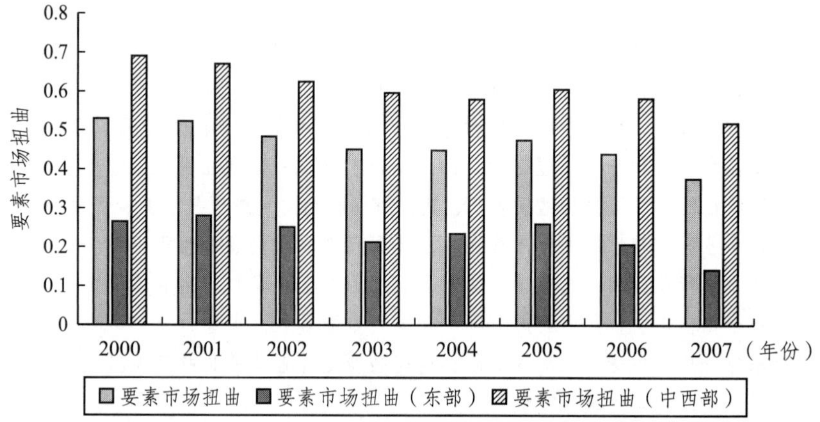

图 1 2000～2007 年我国要素市场扭曲程度测算

注：地区层面的要素市场扭曲（factor1），数据来源于作者测算，详细测算过程见本文第四部分。

基于以上事实，本文重点回答以下两个问题：要素市场扭曲怎样影响企业出口产品质量？其作用机制是什么？对这些问题从理论和实证角度进行科学分析，有助于为提高企业出口产品质量和推动高质量发展提供政策依据。本文余下部分的结构安排为：第二部分，从细分要素市场扭曲的出口产品质量效应、要素市场扭曲对企业生产率、固定成本投入效率等方面的影响对相关文献进行梳理；第三部分，理论推导企业产品质量的决定因素，提出要素市场扭曲对出口产品质量的影响机制和研究假说；第四部分，对实证模型、研究变量和数据信息进行说明；第五部分为实证分析，包括基准分析、异质性分析（区分企业贸易类型、企业所有制、行业特征和区域特征）以及稳健性检验，并通过中介效应模型从企业生产率和固定成本投入效率角度检验要素市场扭曲影响企业出口产品质量的作用机制；最后部分是结论与政策启示。

二、文献回顾

与本文最为相关的文献主要包括两个方面：一是基于细分要素市场扭曲

的出口产品质量效应，二是要素市场扭曲对研发投入、企业生产率等影响的研究。

已有学者从资本、劳动、土地、技术要素市场论证了单一市场扭曲对企业创新、企业出口产品质量的影响。资本要素市场方面，如果企业无法获得足够资金支持，出口产品质量会越低，其作用途径是，高融资约束导致高风险投入减少，从而对出口产品质量产生阻碍作用（Bernini et al.，2015）。对中国而言，现阶段金融体制依然以银行信贷为主导，其他融资方式有限，融资约束并没有得到显著改善（张杰，2015）。不同所有制的企业面临不同的融资约束，也会抑制企业创新（余明桂等，2019）。此外，金融发展水平与行业之间对资本价格的敏感性差异是决定行业平均产品质量的重要因素，金融市场不完善、信贷供给不足抑制出口产品质量（Crinò and Ogliari，2017）。劳动要素市场方面，现在的户籍制度等因素依然扭曲劳动力工资，也会减弱企业创新活力（蒲艳萍、顾冉，2019）。工资扭曲会通过企业研发投入、资源配置、干中学等渠道制约出口产品质量提高，并且在短期和中长期产生不同影响：从短期来看，劳动力价格扭曲导致较低的全要素生产率，生产经验无法有效积累，资源配置效率降低，从而抑制出口产品质量；在中长期，生产率提升、干中学效应、研发投入以及企业规模的扩大会显著减轻工资扭曲对出口产品质量提高的抑制作用（王明益、戚建梅，2017）。另外，土地要素市场方面，已有研究主要从土地资源错配、价格扭曲的角度分析企业生产率、投资行为和出口行为。协议出让比例越高，土地价格扭曲越严重。如果大部分以协议方式出让建设用地，城市的土地资源错配越严重，导致企业资源配置效率越低（李力行等，2016）。在土地错配的背景下，市场机制失灵，工业用地价格扭曲不仅会降低企业生产效率，而且这种抑制作用在不同生产率水平、所有制和规模的企业之间存在异质性（张莉等，2019）。由于地方政府控制土地供应，工业用地价格扭曲进而造成企业过度投资（黄健柏，2015）。技术要素方面，完善的知识产权保护制度能够促进企业增加研发投入，降低模仿发生率，所产生的激励相容机制能最大限度提高社会创新效率，从而改善出口产品质量（林秀梅、孙海波，2016）。

厘清要素市场扭曲对企业生产率、研发投入和创新效率的影响对于深入分析其影响企业出口产品质量的作用机制具有重要意义。要素市场扭曲会显著抑制行业整体生产率的提升，若中国要素配置效率达到发达国家水平，制造业全要素生产率将提高 30% 以上；若达到完全市场化水平，甚至能提高 100%（Hsieh and Klenow，2009）。要素市场化程度越低，扭曲越严重，企业研发投入的抑制效应就越大。要素市场扭曲会抑制企业生产率，降低跨企业资源配置效率，部分源于劳动市场城乡二元分割和正常的优胜劣汰机制遭到破坏（毛其淋，2013）。企业进入和退出市场也会受到要素市场扭曲对企业生产率的影响，要素市场扭曲一方面可以提高行业内原有企业的资源配置效率，另一方面间接影响潜在进入者的市场壁垒（盖庆恩等，2015）。此外，要素价格扭曲导致的资源误置效应、企业寻租行为、技术水平锁定效应不同程度抑制企业创新绩效的提升，主要通过企业市场绩效、研发投入、技术进步和人力资本等途径对技术密集型产品的技术复杂度产生抑制作用，并在创新绩效较低地区的抑制效应相对较强；企业规模越大、利润率越高、越偏重国际市场，要素市场扭曲对企业创新绩效的抑制作用越小（白俊红、卞元超，2016）。

与既有文献相比，本文的主要贡献在于：第一，从理论层面得到出口产品质量的影响机制后，首次从要素市场整体扭曲层面，实证分析了要素市场扭曲对企业出口产品质量的抑制作用，并用中介效应模型检验了要素市场扭曲对出口产品质量的作用机理；第二，同时从需求侧、供给侧和需求侧两个角度全面考察企业层面出口产品质量的测度，提高了研究的严谨性和结论的可信度。

三、理论机制分析

（一）企业产品质量内生决定模型

结合哈拉克和希瓦达桑（Hallak and Sivadasan，2013）的理论分析方法探索出口产品质量的决定因素，并以此为中介变量解构要素市场扭曲对出口产品质量的影响机制，为实证检验提供理论基础。

1. 需求

消费者效用是双层效用函数，其中外层效用函数是：

$$U_{mt} = U[u_{mt}^1, u_{mt}^2, \cdots, u_{mt}^g, u_{mt}^{g+1}, \cdots, u_{mt}^G] \tag{1}$$

式（1）表明一国消费者在某年的效用水平是所有消费商品上获得效用的函数（G 是商品种类数），任意第 g 种商品，代表性消费者的效用函数用（2）式表达：

$$u_{mt}^g = [\sum_{i=1}^{N_{gt}} (\lambda_{imt}^g q_{imt}^g)^{\frac{\sigma_g - 1}{\sigma_g}}]^{\frac{\sigma_g}{\sigma_g - 1}} \tag{2}$$

式（2）中每个企业生产的产品种类不一样，N_{gt}代表生产第 g 种商品的企业数量，也是第 g 种商品的类型总数。λ_{imt}^g代表企业 i 生产产品的质量，q_{imt}^g是数量，$\sigma_g > 1$ 表示产品替代弹性，价格指数可以用式（3）表示：

$$P_{mt}^g = \sum_{i=1}^{N_{gt}} (p_{imt}^{1-\sigma_g} \lambda_{imt}^{\sigma_g - 1}) \tag{3}$$

推导出企业 i 生产商品 g 数量的表达式如下：

$$q_{imt}^g = p_{imt}^{-\sigma_g} \lambda_{imt}^{\sigma_g - 1} \left(\frac{E_{mt}^g}{P_{mt}^g}\right) \tag{4}$$

其中，E_{mt}^g代表 m 国代表性消费者在第 t 年在商品 g 上的总支出。式（4）表明，从需求侧来看，某种产品质量越高，则消费量越高。

2. 供给

企业成本包括固定成本和可变成本，分别表示如下：

$$F(\lambda,\ \xi) = F_0 + \frac{f}{\xi}\lambda^{\alpha},\ MC(\lambda,\ \varphi) = \frac{c}{\varphi}\lambda^{\beta} \tag{5}$$

式（5）表明，固定成本 F 主要包括研发投入、广告投入等，其决定因素有：产品质量 λ，固定成本的质量弹性 α 和变量 ξ；边际成本 MC 的决定条件有：产品质量变化对边际成本的影响 β，产品质量 λ 和企业生产率 φ；f 和 c 是常数，表示固定投入和可变投入的单位价格。$\alpha > 0$，$\beta > 0$ 说明产品质量与企业固定投入、边际投入成正比。变量 ξ 表示企业固定成本投入效率，值越大，表明企业的固定成本越小；企业在边际成本方面的差异主要体现在企业生产率 φ 上。

3. 均衡条件

企业利润最大化行为，结合需求函数、成本函数，得到产品质量决定表达式：

$$\lambda(\varphi,\ \xi) = \left[\frac{1-\beta}{\alpha}\left(\frac{\sigma-1}{\sigma}\right)^{\sigma}\left(\frac{\varphi}{c}\right)^{\sigma-1}\frac{\xi}{f}\left(\frac{E}{P}\right)^{\sigma-1}\right]^{\frac{1}{\alpha'}} \tag{6}$$

其中，$\alpha' = \alpha - (1-\beta)(\sigma-1) > 0$，$0 < \beta < 1$，$\alpha > \alpha'$。从产品质量决定表达式可得，企业产品质量高低取决于三个方面，即企业生产率 φ、固定成本投入效率 ξ 和市场规模因素 E/P。通过对 φ 和 ξ 求一阶偏导数可得：

$$\frac{\partial\lambda(\varphi,\ \xi)}{\partial\varphi} = \frac{1}{\alpha'}\left[\frac{1-\beta}{\alpha}\left(\frac{\sigma-1}{\sigma}\right)^{\sigma}\left(\frac{\varphi}{c}\right)^{\sigma-1}\frac{\xi}{f}\left(\frac{E}{P}\right)^{\sigma-1}\right]^{\frac{1}{\alpha'}-1}\frac{1-\beta}{\alpha}\left(\frac{\sigma-1}{\sigma}\right)^{\sigma}\frac{\xi}{f}\left(\frac{E}{P}\right)^{\sigma-1}\frac{\sigma-1}{c}\left(\frac{\varphi}{c}\right)^{\sigma-2} > 0 \tag{7}$$

$$\frac{\partial\lambda(\varphi,\ \xi)}{\partial\xi} = \frac{1}{\alpha'}\left[\frac{1-\beta}{\alpha}\left(\frac{\sigma-1}{\sigma}\right)^{\sigma}\left(\frac{\varphi}{c}\right)^{\sigma-1}\frac{\xi}{f}\left(\frac{E}{P}\right)^{\sigma-1}\right]^{\frac{1}{\alpha'}-1}\frac{1-\beta}{\alpha f}\left(\frac{\sigma-1}{\sigma}\right)^{\sigma}\left(\frac{\varphi}{c}\right)^{\sigma-1}\left(\frac{E}{P}\right)^{\sigma-1} > 0 \tag{8}$$

式（7）和式（8）说明，从企业供给角度来看，提升企业生产率 φ 和固定成本投入效率 ξ 能够有效地提升企业出口产品质量：企业生产率和固定成本投入效率越高，企业所需支付的沉没成本越少，企业越能投入更多资源提高出口产品质量。

（二）要素市场扭曲影响企业出口产品质量的影响机理

以上分析可知，企业生产率和固定成本投入效率是企业供给侧层面出口产品质量的两个重要决定因素，企业生产率和固定成本投入效率越高，越有利于产品质量升级。结合生产要素价格决定理论，要素市场扭曲会导致要素相对价格变化和绝对价格变化，产生要素替代效应和要素收入效应，并通过资源误置效应影响企业出口产品质量（见图 2）。

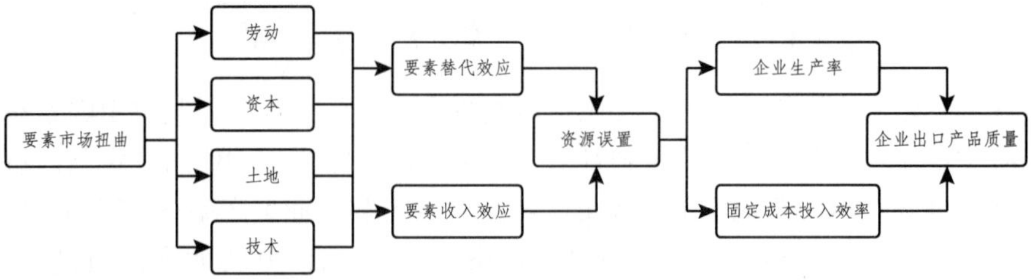

图 2　要素市场扭曲影响企业出口产品质量的作用机制

1. 要素替代效应

这里的要素替代效应是指，要素市场扭曲导致实际要素价格之比偏离均衡的边际技术替代率，产生资源误置效应，价格低估要素被过度使用，影响企业的创新、生产、进入与退出市场决策，进而影响企业生产率、固定成本投入效率和出口产品质量。改革开放以来，我国一直秉持渐进式改革思路，这避免了“休克疗法”的种种弊病，却也导致细分市场发育程度不统一现象。由于政策改革力度不一致，产品市场的发育程度领先于要素市场，资本、土地、劳动和技术（知识产权）等要素市场发育程度也不一致（戴小勇，2021）。要素相对价格偏离均衡水平会产生要素替代效应。在资本方面，利率市场化改革以前，“融资难、融资贵”问题突出，导致企业研发投入不足，过度依赖廉价劳动力和资源投入，不仅抑制企业创新和转型升级，还会产生环境成本的负外部性（吴非等，2021）。在劳动力市场上，劳动力价格的负向扭曲，导致资本劳动价格之比偏离均衡水平，提高了劳动密集型外资企业的出口倾向（刘竹青、佟家栋，2017）。在知识产权方面，由于知识产权司法保护力度不足和有形要素价格扭曲，企业过多使用有形要素，企业间模仿行为盛行，对自主创新的投入较少，阻碍企业创新（黎文靖等，2021）。在工业用地方面，地方政府为推动经济增长、赢得政治晋升竞争，会通过过量供应、降低环境规制标准、压低地价等方式出让土地。土地价格负向扭曲会通过成本外部化、投资补贴效应等导致企业过度投资，降低企业生产率（王博等，2021）。地方政府掌握许多资源的初始分配权，在监管制度不完善时，某些企业会通过寻租行为以更低的成本获得某些稀缺生产要素，寻租行为挤出研发投入，阻碍了企业生产率提高（林伯强、杜克锐，2013）。国内要素价格扭曲还会抑制企业进口中间品，阻碍出口学习效应（许家云等，2017）。这种要素替代效应将影响企业的生产率和固定成本投入效率，改变企业出口倾向。

2. 要素收入效应

这里的要素收入效应是指，某种要素绝对价格变动、长期偏离均衡水平，对企业的影响。要素收入效应不仅影响该要素的企业需求，还通过资源配置效应影响企业的出口产品结构、进入退出决策和发展路径等，进而影响企业出口产品质量。在资本方面，企业融资约束加剧会通过削减企业中间投入和研发投入，显著降低核心产品比重，对出口产品结构调整和出口高质量发展产生不利影响（魏浩、张宇鹏，2020）。在劳动力方面，劳动力价格负向扭曲降低企业生产成本，使企业获得低成本出口优势，提高了企业国际竞争力，但是企业研发投入不足，走上“低质低价、劳动密集”的路径依赖，在贸易规模扩大的同时，不利于我国贸易条件改善，造成粗放式增长的锁定效应（施炳展、冼国明，2012）。在土地方面，城市建设用地具有明显的工业偏向性，工业用地价格低估通过阻碍技术进步、抑制产业结构升级、弱化集聚经济效应等机制显著降低企业出口产品质量（韩峰等，2021）。地方政府对生产要素流动的管制和出口导向型政策，增加了出口企业数量，形成了“低价竞争、数量取胜”的出口模式。在技术方面，加强知识产权保护能深化全球分工，促进企业出口在全球价值链的上游度提升，避免我国企业在全球价值链中低端锁定（代中强等，2021）。要素市场扭曲导致优胜劣汰机制失灵，一方面限制了优秀企业获得规模扩大带来的生产率提高，另一方面也使低效率企业在补贴中生存下去，不利于促进企业生产率提高（毛其淋，2013）。因此，要素收入效应会导致资源错配，改变企业的发展路径。

基于以上分析，本文提出以下假说：

假说（1）：要素市场扭曲会通过要素替代效应和要素收入效应产生资源误置效应，抑制企业生产率和固定成本投入效率提高，从而阻碍企业出口产品质量升级。

美利兹（Melitz，2003）的新－新贸易理论认为，由于出口贸易面临较高的沉没成本，生产率较高的企业进入出口市场，生产率的异质性是决定企业是否参与出口的关键。许多学者发现，我国出口企业生产率越低反而越可能参与出口，这种现象被称为“生产率悖论”。针对这种现象，许多学者认为是加工贸易企业、外资企业、劳动密集型企业、出口密集型企业的自身特征造成的。刘竹青、佟家栋（2017）认为这些企业特征高度相关，要素市场扭曲是解释生产率悖论的重要外部因素，一方面，要素市场扭曲在一定程度上扭曲了出口“自选择”效应，另一方面，要素市场扭曲削弱了出口企业的学习效应，抑制了出口对企业生产率的促进作用。除了上述理论影响机制之外，由于企业之间要素投入比例存在异质性，因此对要素替代效应和要素收入效应的反应也存在区别。在贸易类型方面，一般贸易与加工贸易使用的生产要素不同，并且加工贸易在我国贸易份额中占有较大比重，剔除加工贸易企业后的出口—生产率关系符合新—新贸易理论（戴觅等，2014）；在所有制方面，国有企业、民营企业和外资企业面对的融资约束存在差异，金融抑制对不同所有制类型企业影响可能会有不同；不同区域的地方政府对要素资源的流动、价格实行管制，对企业设置的壁垒可能迫使企业改变进入退出决策。因此，在企业层面，要素市场扭曲的出口产品质量效应可能会受到贸易类型、所有制、要素密集度和区域差异的影响。

基于以上分析，我们提出以下假说：

假说（2）：要素市场扭曲对企业出口产品质量的作用机制在不同类型企业间存在异质性。

四、模型设定、变量及数据说明

（一）模型设定

在刘竹青、佟家栋（2017）研究的基础上，建立以下定量分析模型：

$$Qua_{ijkt} = \alpha_0 + \alpha_1 factor_{kt} + \alpha_2 X_{ijkt} + v_j + v_t + u_{ijkt} \tag{9}$$

其中，下标 i、j、k 和 t 分别表示企业、行业、省份和年份。Qua_{ijkt}代表企业出口产品质量，$factor_{ijkt}$表示 k 省第 t 年的要素市场扭曲测度，v_j 和 v_t 分别表示行业和年份固定效应，u_{ijkt}表示随机干扰项。企业全要素生产率是最主要的控制变量，其他控制变量 X_{ijkt}还包括：企业规模、企业资本密集度、政府补贴、平均工资、企业利润率。另外，在研究异质性时，将企业分为国有企业（SOE）、民营企业（POE）和外资企业（FOE）、贸易类型虚拟变量(Process)。在研究作用机制时，加入企业年度专利申请数、研发投入和广告投入，以此度量企业生产率和固定成本投入效率。

（二）变量选取和指标测度

1. 出口产品质量

本文分别从需求侧、供给侧和需求侧两种方法测算企业层面的出口产品质量。

（1）考虑需求侧的出口产品质量（Qua_d）：坎德尔瓦等（Khandelwal et al.，2013）采用事后推理思路计算企业层面的出口产品质量，是目前使用最广泛的方法，一国代表性消费者第 t 年对企业 i 生产商品的消费数量可以化简为：

$$q_{imt} = p_{imt}^{-\sigma} \lambda_{imt}^{\sigma-1} \left(\frac{E_{mt}}{P_{mt}} \right) \tag{10}$$

取对数简单整理可得：

$$\ln q_{imt} = \chi_{mt} - \sigma \ln p_{imt} + \varepsilon_{imt} \tag{11}$$

其中，$\chi_{mt} = \ln E_{mt} - \ln P_{mt}$是出口目的国 - 年份二维虚拟变量，包括随目的地市场和年份变化的信息，这里控制了地理距离和目的国人均 GDP。$\ln p_{imt}$表示产品价格，$\varepsilon_{imt} = (\sigma - 1)\ln \lambda_{imt}$是残差项，涵盖企业 i 在第 t 年对 m 国出口产品质量信息。式（11）是针对海关8分位编码下某种产品而言的，如果直接对（11）式回归，会出现两个问题：一是该式没有考虑产品种类差异，二是产品质量与价格相关，存在内生性问题。本文的解决方法是，加入出口企业所在省份的国内生产总值控制企业产品种类差异，用企业出口至其他市场上产品的平均价格作为工具变量。经过解决产品种类差异和价格内生性问题后对式（11）回归，得到出口产品质量表达式：

$$quality_{imt} = \ln \hat{\lambda}_{imt} = \frac{\hat{\varepsilon}_{imt}}{\sigma - 1} = \frac{\ln q_{imt} - \ln \hat{q}_{imt}}{\sigma - 1} \tag{12}$$

根据式（12）可计算出企业－目的国－年份－产品（HS 8分位）层面的产品质量数据。为便于比较，将式（12）标准化处理，得到标准化质量：

$$Squality_{imt} = \frac{quality_{imt} - \min quality_{imt}}{\max quality_{imt} - \min quality_{imt}} \tag{13}$$

其中，min，max代表HS 8分位产品层面的最小值和最大值，最后，将企业层面的出口产品质量指标定义为：$Qua\_d_{it} = \left(\frac{value_{imt}}{\sum_{imt \in \Omega} value_{imt}}\right) \times Squality_{imt}$。$\Omega$表示某企业产品总和，$value_{imt}$是出口产品价值的总和。

（2）同时考虑供给侧和需求侧的出口产品质量（Qua_sd）：仅考虑需求得到的出口产品质量不太全面，由此得到的结论未必稳健。芬斯特拉和劳马里斯（Feenstra and Romalis，2014）提出的方法同时考虑供给和需求对出口产品质量的影响，测算的出口产品质量包含更丰富的信息，但是比较适用于宏观经济体之间的国际比较，不适合微观企业层面的研究。本文借鉴余淼杰、张睿（2017）改进的方法，同时考虑供给侧和需求侧，给出第二种企业出口产品质量的测度。

考虑需求侧和供给侧测算出口产品质量（Qua_sd）的核心模型是：

$$\ln(z_{ijgt}) = \theta_g[\ln(\kappa_{1jg}) + \ln(p^*_{ijst}) + \ln(\varphi_{it}) - \ln(w_t)] \tag{14}$$

其中，p_{ijst}是企业－年份－产品－出口目的地层面的商品离岸价，即将第t年i企业出口到j国的g产品平均价格；φ_{it}是企业的全要素生产率（TFP），使用LP法计算得到，下面还会详细介绍测算方法；w_t是企业投入品成本水平，假设企业只需要劳动，因此w_t是员工平均福利水平，κ_{1jg}是结构性参数部分；$\ln(z_{ijgt})$是出口产品质量。得到$\ln(z_{ijgt})$后，通过标准化获得实证检验所需要的同时考虑供给侧和需求侧的企业出口产品质量（Qua_sd）。

2. 要素市场扭曲

关于要素市场扭曲的测度，可以分为地区层面和企业层面两类。其中，地区层面的要素市场扭曲指标主要基于公开发布的中国各地区市场化指数进行测算，而企业层面的指标主要参考谢和克列诺（Hsieh and Klenow，2009）的方法求解企业边际产品收益的差异捕捉要素市场的扭曲程度。

（1）地区层面的要素市场扭曲测度。要素市场扭曲factor1、factor2。从樊纲等（2010）公布的中国细分市场的市场化指数报告来看，我国要素市场化程度显著滞后于产品市场化程度、总体市场化程度。因此，可以使用要素市场与其他市场的相对差异衡量要素市场扭曲程度。定义 $factor1=(product_{it}-factor_{it})/product_{it}$，$factor2=(total_{it}-factor_{it})/total_{it}$，其中，$product_{it}$是产品市场化指数，$factor_{it}$是要素市场化指数，$total_{it}$是总体市场化指数。factor1 是某地区要素市场与产品市场化程度的相对偏离，factor2 是某地区要素市场与总体市场化程度的偏离，factor1、factor2 数值越大，表明要素市场扭曲程度越高。

要素市场扭曲 FAC。前两种测度方法不能捕捉到地区之间的差异，因此，采用不同地区要素市场化程度与同年度要素市场化程度最高地区之间的相对差距作为要素市场扭曲的代理变量，该要素市场扭曲指标表达式为：$FAC=(\max factor_{it}-factor_{it})/\max factor_{it}$。FAC 数值越大，表明要素市场扭曲程度越高①。

（2）企业层面的要素市场扭曲测度。要素市场扭曲 Distortion。使用王永进、李宁宁（2021）的方法，考虑异质成本加成率测度微观企业层面的要素市场扭曲，作为稳健性检验时的替代指标。微观层面，要素市场扭曲是企业获取实际要素价格与市场平均价格的偏离。因此，微观层面要素市场扭曲的求解思路就是：假设企业是 C－D 生产函数，通过企业利润求偏导，可以获得资本、劳动的边际收益产品 MRPK、MRPL，与市场要素平均价格的偏离，即可得到要素市场扭曲。同样，Distortion 数值越大，表明要素市场扭曲程度越高。该指标核心的测算过程为：

$$Q=AK^{\alpha}L^{\beta} \tag{15}$$

$$\pi=\max_{\{K,L,M\}}\{PQ-\tau_K RK-\tau_L wL\} \tag{16}$$

$$MRPK=P\left[1+\frac{P'(Q)Q}{P}\right]\frac{\partial Q}{\partial K}=\tau_K R \tag{17}$$

$$MRPL=P\left[1+\frac{P'(Q)Q}{P}\right]\frac{\partial Q}{\partial L}=\tau_L w \tag{18}$$

$$Distortion=\tau_K^{\alpha}\tau_L^{\beta} \tag{19}$$

其中，Q 是企业产出，A 是全要素生产率，K、L 分别是企业投入的资本和劳动，P 表示产品价格，R、w 分别表示资本的租金率、工资，π 是企业利润，τ_K、τ_L 表示资本、劳动力市场扭曲，二者的几何平均即要素市场扭曲 Distortion。

3. 企业全要素生产率 TFP

借鉴鲁晓东、连玉君（2012）的方法测算企业的全要素生产率，分别用工业增加值、固定资产年末净额、中间投入产出变量、企业职工人数作为代

---

① 地区层面的测度方法参考张杰等（2011）以及林伯强、杜克锐（2013）。

理变量，用相应的价格指数平减剔除通胀影响。使用中间投入而不是投资额，数据易得并且能够较好地解决数据缺失问题。

4. 企业年度专利申请数 Patent

通过匹配中国专利数据库和工业企业数据库，使用“年度专利申请数”作为企业研发效率的代理变量。企业研发效率既包含企业生产率信息，也包含企业固定成本投入效率信息。在中介效应检验时使用企业专利申请数（Patent）作为企业生产率的代理变量。采用企业无形资产在总资产中的比重来衡量企业研发效率，数据缺失较多，可能存在衡量偏误。中国工业企业数据库中存在研发费用和新产品产值变量，分别衡量企业研发投入与研发产出，但数据缺失严重，无法有效使用多数样本。采用企业年度专利申请数作为研发效率的代理变量，能够更全面地衡量企业研发效率。

5. 研发投入 RD 和广告投入 AD

企业专利申请数包含企业固定成本投入效率的信息，但是并不能准确度量固定成本投入效率。尽管中国工业企业数据库中企业研发投入和广告投入存在大量缺失值，依然引入两个变量作为固定成本投入效率的补充，用面板补漏方法补充了一些缺失值，避免大量样本损失和衡量偏误。

6. 其他控制变量

（1）企业规模（Size），使用取自然对数的固定资产总额代表，预计企业规模越大，出口产品质量越高；（2）政府补贴（Subsidy），获得政府补贴，Subsidy = 1，反之 Subsidy = 0；（3）企业利润率（Profit），使用净利润与销售额的比值代表企业利润率；（4）资本密集度（Density），采用企业固定资产年末余额与就业人数之比取对数；（5）平均工资（Wage），采用取对数的应付薪酬除以职工总数的比值衡量。

（三）数据说明

数据来源主要涉及五个方面：一是产品和企业层面的金额和数量来自2000 ~ 2007 年中国海关数据库，用以计算出口企业产品质量。为精确测度产品质量，剔除缺失企业名称、目的市场、货物名称和海关编码等信息，以及单笔金额小于 50 美元或数量小于 1 的样本，初级产品如农业、矿产类产品、贸易商样本也被剔除等。二是来自樊纲等人编写的《中国市场化进程指数报告》，用于计算要素市场扭曲程度。三是企业层面的统计数据来自 2000 ~ 2007 年的中国工业企业数据库，计算企业层面控制变量。四是中国专利数据库，用于获取企业专利申请数。五是目的国相关数据，目的国人均 GDP、与中国的地理距离等，来自 CEPII 数据库、世界银行数据库等。通过合并匹配，最终获得 2000 ~ 2007 年有效观测值为 165333 个，企业数为 65882 家。

表 1 展示了主要变量的统计特征。可以看出，东部企业的出口产品质量、平均工资水平、研发投入效率、研发投入高于中西部企业，但是中西部

企业的平均全要素生产率、政府补贴、企业规模、广告投入高于东部地区企业。

表1 主要变量的描述性统计

变量名称	全部企业			东部企业			中西部企业		
	观测值	均值	标准差	观测值	均值	标准差	观测值	均值	标准差
Qua_d	162027	0.630	0.120	148452	0.630	0.120	13575	0.610	0.130
Qua_sd	162027	0.810	0.060	148216	0.810	0.060	13811	0.800	0.050
Distortion	162010	0.942	0.050	148216	0.928	0.060	13811	0.947	0.050
TFP	162019	6.800	1.040	148493	6.790	1.030	13526	6.970	1.110
Patent	165333	0.620	26.360	151406	0.630	27.49	13927	0.520	5.930
AD	84160	5.920	2.180	76663	5.900	2.160	7497	6.070	2.350
RD	105519	7.340	1.570	96464	7.350	1.540	9055	7.320	1.830
Subsidy	165333	0.230	0.420	151406	0.220	0.420	13927	0.260	0.440
Size	162031	8.990	1.570	148600	8.970	1.560	13431	9.250	1.680
Profit	162027	0.0300	0.0700	148454	0.0300	0.0700	13573	0.0300	0.0800
Wage	162026	2.630	0.550	148494	2.650	0.550	13532	2.430	0.600
Density	165325	3.540	1.380	151400	3.530	1.370	13925	3.690	1.410

表2列示了2000~2007年中国要素市场扭曲指数的变化情况。由factor1和factor2结果可知，二者均大于0且前者数值大于后者，说明中国要素市场存在扭曲情况，表现在要素市场化进程落后于整体市场化进程和产品市场化进程，相比而言，要素市场化进程落后产品市场化进程的程度更高。综合三个指标的趋势来看，中国要素市场扭曲指数整体呈现下降趋势，意味着要素市场扭曲的程度有所减弱。对比东部地区和中西部地区的结果可以发现，东部地区要素市场扭曲情况优于中西部地区，表明中国要素市场扭曲存在地区的异质性。

表2 2000~2007年中国要素市场扭曲指数

	2000年	2001年	2002年	2003年	2004年	2005年	2006年	2007年	东部地区	中西部地区
factor1	0.529	0.523	0.484	0.451	0.449	0.475	0.439	0.375	0.208	0.548
factor2	0.368	0.370	0.364	0.341	0.351	0.376	0.340	0.289	0.176	0.404
FAC	57.749	53.927	55.739	56.205	55.836	52.181	52.689	52.999	21.272	63.859

五、要素市场扭曲对出口产品质量影响效应的实证检验

（一）基准回归

本文使用企业层面的面板数据，通过 F 检验与豪斯曼检验，最后选择固定效应模型进行分析，表 3 报告了基准回归结果。其中，第（1）列到第（4）列的被解释变量是考虑需求得到的出口产品质量（Qua_d），第（5）列到第（8）列的被解释变量是考虑供给和需求得到的出口产品质量（Qua_sd），用四种定义的要素市场扭曲指标的固定效应模型结果显示，要素市场扭曲的系数在所有基准回归方程中均小于 0，且在 1% 的水平上显著，这说明要素市场扭曲将显著抑制出口企业的产品质量升级。企业层面要素市场扭曲 Distortion 的检验结果，与地区层面的要素市场扭曲结论一致。

除核心解释变量要素市场扭曲之外，企业全要素生产率（TFP）的系数显著为正，表明全要素生产率对于企业提升出口产品质量具有重要作用。此外，政府补贴的回归系数显著为正，与张洋（2017）研究结论一致；企业规模回归系数也显著为正，说明企业实力越强，产品质量越高；在前三列企业利润率的系数显著为正，后三列系数为负但是不显著；企业平均工资的系数在两个被解释变量之间发生正负号变化，其原因可能是工资水平与产品质量之间有更复杂的联系；资本密集度回归系数显著为负。

（二）异质性分析

基准模型研究了要素市场扭曲的总体效应，接下来区分企业特征、行业特征和地区特征，得到异质性实证结果见表 4。限于篇幅，除核心解释变量外，还报告了全要素生产率的符号及显著水平，未报告其他控制变量。将表 4 分为两部分，第一部分采用需求侧的出口产品质量（Qua_d）为被解释变量，第二部分采用需求侧和供给侧的出口产品质量（Qua_sd）为被解释变量。

第一，区分企业特征，在基准回归基础上加入了要素市场扭曲与所有制、贸易类型的交叉项。其中，Process = 1 代表加工贸易，Process = 0 代表其他贸易类型，以其他贸易类型为基准；所有制方面，将样本分为民企（PE）、外企（FE）和国企（SE），以民营企业为基准。表 4 第（1）列结果显示，要素市场扭曲与加工贸易类型交叉项的系数显著为正，说明相对于加工贸易企业，要素市场扭曲更加阻碍一般贸易等其他贸易类型出口产品质量升级。企业积极嵌入全球生产网络，能够缓解要素市场扭曲的抑制作用。

表 3 基准回归结果

	Qua_d				Qua_sd			
	（1）	（2）	（3）	（4）	（5）	（6）	（7）	（8）
factor1	-0.0203***				-0.0235***			
factor2		-0.0244***				-0.0376***		
FAC			-0.0001***				-0.0003***	
Distortion				-0.0312***				-0.0282***
TFP	0.0090***	0.0090***	0.0088***	0.0092***	0.0201***	0.0201***	0.0204***	0.0206***
Subsidy	0.0039***	0.0043***	0.0042***	0.0045***	0.0098***	0.0099***	0.0096***	0.0089***
Size	0.0168***	0.0166***	0.0167***	0.0166***	0.0092***	0.0091***	0.0090***	0.0101***
Profit	0.0226***	0.0227***	0.0233***	0.0227***	-0.0013	-0.0012	-0.0012	-0.0014
Wage	0.0178***	0.0186***	0.0192***	0.0186***	-0.0090***	-0.0086***	-0.0092***	-0.0096***
Density	-0.0145***	-0.0144***	-0.0144***	-0.0144***	-0.0093***	-0.0092***	-0.0090***	-0.0102***
cons	0.4265***	0.4254***	0.4219***	0.4254***	0.6481***	0.6492***	0.6489***	0.6692***
行业	是	是	是	是	是	是	是	是
年份	是	是	是	是	是	是	是	是
N	147976	147687	149120	147887	148446	148173	149619	148183
R2	0.0906	0.0904	0.0901	0.0924	0.2063	0.2058	0.2076	0.2058

注：*、**、*** 分别表示 10%、5%、1% 的显著性水平，下同。

表5第（1）列的加工贸易类型交叉项系数为正，但是并不显著。表4第（2）列结果可知，要素市场扭曲系数依然显著小于0，要素市场扭曲与国有企业和外资企业虚拟变量交叉项的估计系数大于0，且在1%的水平上显著，前者在数值上比后者大，说明要素市场扭曲对民营企业出口产品质量的抑制作用最大，其次是国有企业。要素市场扭曲对外资企业出口产品质量的抑制作用并不明显。现实中，国有企业普遍存在预算软约束倾向，在资本、土地等关键生产要素的获得能力较强，要素市场扭曲对国企影响并不明显；相反，民营企业长期面临融资约束，对生产要素市场扭曲的反应更加强烈。

表4　异质性分析（一）

被解释变量：Qua_d	区分企业特征		区分行业特征 资本密集度	区分地域特征 经济发展水平
	贸易类型	所有制		
	(1)	(2)	(3)	(4)
factor1	-0.0297***	-0.0802***	-0.0143***	-0.0361***
factor1 × Process	0.0629***			
factor1 × FE		0.0911***		
factor1 × SE		0.0144***		
factor1 × CII			-0.0154***	
factor1 × LII			-0.0020	
factor1 × east				0.0261***
TFP	0.0092***	0.0096***	0.0090***	0.0091***
控制变量	是	是	是	是
行业	是	是	是	是
年份	是	是	是	是
N	147976	147976	147976	147976
R^2	0.0938	0.1000	0.0907	0.0913

注：异质性分析中的控制变量包括所有企业层面的控制变量，下表同。

第二，区分行业特征，借鉴谢建国（2003），将样本划分为劳动密集型（LII）、技术密集型（TII）和资本密集型（KII），在基准计量框架下引入要素市场扭曲与资本密集型行业、劳动密集型行业的交叉项，以技术密集型行业为基准。可以发现，表4第3列要素市场扭曲和技术密集型交叉项的估计系数显著小于0，劳动密集型交叉项的估计系数为负不显著，而表5第3列要素市场扭曲和资本密集型交叉项的系数大于 0 但不显著，劳动密集型交叉项的估系数显著小于 0，说明相对于技术密集型行业，要素市场扭曲对资本密集型和劳动密集型行业负面影响较大，但是存在更复杂的影响机制。其原因可能是，国内长期以来金融发展滞后，资本密集型行业对于资本的敏感性更强，当面临较强的融资约束时，企业高风险性的投资行为会减少，如高质量中间产品、研发投入、广告投入等。劳动市场同样面临较大的市场扭曲，因此，资本密集型行业和劳动密集型行业对要素市场扭曲更加敏感。

表 5 异质性分析（二）

被解释变量：Qua_sd	区分企业特征		区分行业特征	区分地域特征
	贸易类型	所有制	资本密集度	经济发展水平
	(1)	(2)	(3)	(4)
factor1	-0.0236***	-0.0362***	-0.0226***	-0.0323***
factor1 × Process	0.0009			
factor1 × FE		0.0204***		
factor1 × SE		-0.0010		
factor1 × CII			0.0018	
factor1 × LII			-0.0050***	
factor1 × east				0.0146***
TFP	0.0201***	0.0203***	0.0201***	0.0202***
控制变量	是	是	是	是
行业	是	是	是	是
年份	是	是	是	是
N	148446	148446	148446	148446
R^2	0.2063	0.2086	0.2063	0.2071

第三，区分地区特征。我国东部、中西部区域差异较大，参照苏丹妮等（2018），引入要素市场扭曲与东部地区的交叉项。由表 4 和表 5 中的第（4）列可知，要素市场扭曲的估计系数依然显著小于 0，而东部地区与要素市场扭曲交叉项系数显著大于 0。该结果说明，要素市场扭曲对东部地区企业的抑制作用较小。其原因是东部地区较为发达，要素市场和产品市场的差异较小，东部地区吸引了大量资本、劳动力等，市场机制在要素市场资源分配能够起到更多作用。

（三）稳健性检验

首先，地区层面构造的要素市场扭曲指标有助于解决双向因果造成的内生性问题，地区整体层面建构的要素市场扭曲程度指标本身就是一种适当的工具变量，从这个角度研究能在一定程度上会消除要素市场扭曲和企业出口产品质量变化之间可能的双向因果关系所导致的内生性问题。表 6 第（1）列至第（4）列分别用滞后 1 期的要素市场扭曲指标做检验，发现结果并未发生变化，核心解释变量的系数依然显著为负。第二，构建要素市场扭曲与要素市场扭曲均值差额的三次方作为要素市场扭曲指标的工具变量，该方法优点在于无须借助外部因素就可以建构一个相对有效的工具变量，工具变量法的回归结果见第（5）列至第（8）列。结果显示，考虑内生性和采用替代指标后，要素市场扭曲指标系数具有一致性，均显著为负，说明结果具有良好的稳健性，要素市场扭曲总体不利于企业出口产品质量的提升。

（四）作用机制检验

以上分析可以得出要素市场扭曲阻碍出口企业质量升级的基本结论，但没有厘清其作用机制。理论机制分析表明，要素市场扭曲可以通过企业生产率 φ 和固定成本投入效率 ξ 对企业出口产品质量产生影响。为此，选取企业生产率和研发投入效率作为中介变量，采用中介效应模型研究其潜在作用机制。众所周知，全要素生产率（TFP）是企业层面核心的变量，一般作为解释变量出现。企业年度专利申请数（Patent）也能实质反映技术进步的信息，因此将企业年度专利申请数作为企业生产率 φ 的代理变量，将广告投入（AD）和研发投入（RD）作为固定成本投入效率 ξ 的代理变量，构建中介效应模型如下：

$$Qua_{ijkt} = \alpha_0 + \alpha_1 factor_{kt} + \alpha_2 X_{ijkt} + v_j + v_t + u_{ijkt} \tag{20}$$

$$\varphi_{ijkt} = \alpha_0 + \alpha_1 factor_{kt} + \alpha_2 X_{ijkt} + v_j + v_t + u_{ijkt} \tag{21}$$

$$\xi_{ijkt} = \alpha_0 + \alpha_1 factor_{kt} + \alpha_2 X_{ijkt} + v_j + v_t + u_{ijkt} \tag{22}$$

$$Qua_{ijkt} = \alpha_0 + \alpha_1 factor_{kt} + \alpha_2 \varphi_{ijkt} + \alpha_3 \xi_{ijkt} + \alpha_4 X_{ijkt} + v_j + v_t + u_{ijkt} \tag{23}$$

表 7 与表 8 是中介效应机制检验的实证结果。其中，表 7 的出口产品质量采用供给侧和需求侧测算的 Qua_sd，表 8 采用需求侧测算的 Qua_d。对于以下两个表格，第（1）列是对基准模型式（20）的估计；第（2）~第（4）列分别以企业年度专利申请数、广告投入和研发投入作为被解释变量，即对式（21）、（22）的估计；第（5）~第（7）列是以出口产品质量为被解释变量，加入要素市场扭曲变量，然后依次加入企业年度专利申请数、广告投入和研发投入；第（8）列将四个变量全部加入，即对式（23）的估计。

表 6 稳健性检验

	核心解释变量滞后项				工具变量法			
	(1)	(2)	(3)	(4)	(5)	(6)	(7)	(8)
L. factor1	-0.0133***							
L. factor2		-0.0207***						
L. FAC			-0.0000					
L. Distortion				-0.0237***				
factor1					-0.0255***			
factor2						-0.0226***		
FAC							-0.0002***	
Distortion								-0.0365***
TFP	0.0100***	0.0100***	0.0099***	0.0100***	0.0091***	0.0090***	0.0090***	0.0092***
控制变量	是	是	是	是	是	是	是	是
行业	是	是	是	是	是	是	是	是
年份	是	是	是	是	是	是	是	是
N	80974	81457	81683	81857	147976	147687	149120	147876
R^2	0.0950	0.0950	0.0946	0.0950	0.0503	0.0498	0.0497	0.0523

注：稳健性分析中的控制变量涵盖所有企业层面的控制变量。

表 7　　中介效应检验（一）

	Qua_sd	Patent	AD	RD	Qua_sd	Qua_sd	Qua_sd	Qua_sd
	(1)	(2)	(3)	(4)	(5)	(6)	(7)	(8)
factor1	−0.0235 ***	−0.3811 ***	−0.1020 ***	−0.3341 ***	−0.0233 ***	−0.0233 ***	−0.0197 ***	−0.0211 ***
Patent					0.0006 ***			0.0006 ***
AD						0.0025 ***		0.0025 ***
RD							0.0013 ***	0.0003
TFP	0.0201 ***	0.1301 ***	0.5189 ***	0.2559 ***	0.0201 ***	0.0190 ***	0.0197 ***	0.0185 ***
控制变量	是	是	是	是	是	是	是	是
行业	是	是	是	是	是	是	是	是
年份	是	是	是	是	是	是	是	是
N	148446	150821	75314	94687	148446	74157	93284	63963
R^2	0.2063	0.0112	0.4961	0.4875	0.2075	0.2096	0.2093	0.2119

注：控制变量包括所有企业层面的控制变量，下同。

表8 中介效应检验（二）

	Qua_d	Patent	AD	RD	Qua_d	Qua_d	Qua_d	Qua_d
	(1)	(2)	(3)	(4)	(5)	(6)	(7)	(8)
factor1	-0.0203***	-0.3811***	-0.1020***	-0.3341***	-0.0204***	-0.0159***	-0.0144***	-0.0108***
Patent					-0.0001			-0.0000
AD						-0.0010***		-0.0010***
RD							0.0027***	0.0037***
TFP	0.0090***	0.1301***	0.5189***	0.2559***	0.0090***	0.0088***	0.0075***	0.0076***
控制变量	是	是	是	是	是	是	是	是
行业	是	是	是	是	是	是	是	是
年份	是	是	是	是	是	是	是	是
N	147976	150821	75314	94687	147976	73811	92858	63605
R^2	0.0906	0.0112	0.4961	0.4875	0.0906	0.0887	0.0896	0.0885

表7结果表明，要素市场扭曲对企业年度专利申请数、广告投入和研发投入的影响系数显著为负，表明要素市场扭曲阻碍企业生产率和企业固定成本投入效率提高；将企业年度专利申请数、广告投入和研发投入作为解释变量，要素市场扭曲对企业出口产品质量的估计系数依然显著为负，而企业年度专利申请数、广告投入和研发投入的系数显著为正。这说明中介效应，包括企业出口产品质量的“生产率效应”和“固定成本投入效率效应”是存在的；同时，考虑中介变量企业生产率和固定成本投入效率以后，要素市场扭曲对企业出口产品质量的抑制作用发生变化，意味着企业生产率和固定成本投入效率提高是要素市场扭曲抑制企业出口产品质量的重要机制。表8的结果与表7的大致相同，但是广告投入系数变成负数且显著，其原因可能在于数据缺失严重，同时纳入研发投入和广告投入变量损失了超过一半的整体样本数据。

六、结论与政策启示

提高企业出口产品质量是提高国际竞争力和应对多重外部挑战的重要途径，要素市场化配置改革是推动经济高质量发展的重要支撑。本文通过匹配中国工业企业数据库、海关数据库和专利数据库，采用面板数据固定效应模型和中介效应模型深入检验了要素市场扭曲对企业出口产品质量的影响及其作用机制，主要结论如下：第一，要素市场扭曲显著抑制中国企业出口产品质量升级，使用工具变量法和变换代理变量后，结论依然成立；第二，异质性分析结果表明，要素市场扭曲对一般贸易企业、民营企业、资本密集型行业、中西部企业的抑制作用更大；第三，中介效应研究表明，企业生产率和固定成本投入效率是要素市场扭曲影响企业出口产品质量升级的重要渠道。

基于本文研究结论，可以得到以下启示：第一，要素市场扭曲是出口企业产品质量升级的重要阻碍，在新发展阶段，加大力度改革要素市场对于“提质增效”和打造贸易强国具有重要意义。第二，逐步扭转要素价格扭曲现状，发挥市场机制在要素市场资源配置中的关键作用，同时加大对一般贸易、民营企业、资本密集型产业和中西部企业的资源再分配力度，推动企业国际竞争力不断提升和区域行业协调发展。第三，构建高质量生产体系，提高企业生产率和固定成本投入效率以推进经济结构调整和高质量增长的转变，以创新、研发投入等高附加值方式加入国际生产网络，逐渐提升中国企业产品在全球价值链中的位置，这不仅有助于促进我国要素资源输送到生产效率更高的企业，优化资源分配效能，也对企业可持续发展、出口竞争力长期提升以及产业结构的优化和升级等具有重要的现实意义。

参考文献

[1] 白俊红、卞元超：《要素市场扭曲与中国创新生产的效率损失》，载《中国工业经济》2016 年第 11 期。

[2] 戴觅、余淼杰、Madhura Maitra：《中国出口企业生产率之谜：加工贸易的作用》，载《经济学（季刊）》2014 年第 2 期。

[3] 戴小勇：《中国高创新投入与低生产率之谜：资源错配视角的解释》，载《世界经济》2021 年第 3 期。

[4] 代中强、李之旭、高运胜：《知识产权保护与企业全球价值链位置——基于中间产品供需的视角》，载《国际贸易问题》2021 年第 5 期。

[5] 樊纲、王小鲁、朱恒鹏：《中国市场化指数——各地区市场化相对进程报告》，经济科学出版社 2010 年版。

[6] 盖庆恩、朱喜、程名望、史清华：《要素市场扭曲、垄断势力与全要素生产率》，载《经济研究》2015 年第 5 期。

[7] 韩峰、庄宗武、李启航：《土地市场扭曲如何影响制造业出口产品质量升级——基于土地市场交易数据和制造业企业数据的实证分析》，载《经济理论与经济管理》2021 年第 3 期。

[8] 黄健柏、徐震、徐珊：《土地价格扭曲、企业属性与过度投资——基于中国工业企业数据和城市地价数据的实证研究》，载《中国工业经济》2015 年第 3 期。

[9] 李力行、黄佩媛、马光荣：《土地资源错配与中国工业企业生产率差异》，载《管理世界》2016 年第 8 期。

[10] 黎文靖、彭远怀、谭有超：《知识产权司法保护与企业创新——兼论中国企业创新结构的变迁》，载《经济研究》2021 年第 5 期。

[11] 林伯强、杜克锐：《要素市场扭曲对能源效率的影响》，载《经济研究》2013 年第 9 期。

[12] 林秀梅、孙海波：《中国制造业出口产品质量升级研究——基于知识产权保护视角》，载《产业经济研究》2016 年第 3 期。

[13] 刘竹青、佟家栋：《要素市场扭曲、异质性因素与中国企业的出口—生产率关系》，载《世界经济》2017 年第 12 期。

[14] 鲁晓东、连玉君：《中国工业企业全要素生产率估计：1999—2007》，载《经济学（季刊）》2012 年第 2 期。

[15] 毛其淋：《要素市场扭曲与中国工业企业生产率——基于贸易自由化视角的分析》，载《金融研究》2013 年第 2 期。

[16] 蒲艳萍、顾冉：《劳动力工资扭曲如何影响企业创新》，载《中国工业经济》2019 年第 7 期。

[17] 施炳展、冼国明：《要素价格扭曲与中国工业企业出口行为》，载《中国工业经济》2012 年第 2 期。

[18] 苏丹妮、盛斌、邵朝对：《产业集聚与企业出口产品质量升级》，载《中国工业经济》2018 年第 11 期。

[19] 王博、张耀宇、冯淑怡：《地方政府干预、土地价格扭曲与工业企业生产率》，载《经济理论与经济管理》2021年第7期。
[20] 王明益、戚建梅：《我国出口产品质量升级：基于劳动力价格扭曲的视角》，载《经济学动态》2017年第1期。
[21] 王永进、李宁宁：《中间品贸易自由化与要素市场扭曲》，载《中国工业经济》2021年第9期。
[22] 魏浩、张宇鹏：《融资约束与中国企业出口产品结构调整》，载《世界经济》2020年第6期。
[23] 吴非、申么、祝佳、叶显：《利率市场化对企业技术创新的驱动效应研究》，载《中国软科学》2021年第8期。
[24] 谢建国：《外商直接投资与中国的出口竞争力——一个中国的经验研究》，载《世界经济研究》2003年第7期。
[25] 许家云、毛其淋、胡鞍钢：《中间品进口与企业出口产品质量升级：基于中国证据的研究》，载《世界经济》2017年第3期。
[26] 余淼杰、张睿：《中国制造业出口质量的准确衡量：挑战与解决方法》，载《经济学（季刊）》2017年第2期。
[27] 余明桂、钟慧洁、范蕊：《民营化、融资约束与企业创新——来自中国工业企业的证据》，载《金融研究》2019年第4期。
[28] 张杰：《金融抑制、融资约束与出口产品质量》，载《金融研究》2015年第6期。
[29] 张杰、周晓艳、李勇：《要素市场扭曲抑制了中国企业R&D?》，载《经济研究》2011年第8期。
[30] 张莉、程可为、赵敬陶：《土地资源配置和经济发展质量——工业用地成本与全要素生产率》，载《财贸经济》2019年第10期。
[31] 张洋：《政府补贴提高了中国制造业企业出口产品质量吗》，载《国际贸易问题》2017年第4期。
[32] Bernini, M., Guillou, S., and Bellone, F., 2015: Financial Leverage and Export Quality: Evidence from France, *Journal of Banking and Finance*, Vol. 59, No. 10.
[33] Crinò, R. and Ogliari, L., 2017: Financial Imperfections, Product Quality, and International Trade, *Journal of International Economics*, Vol. 104, No. 1.
[34] Feenstra, R. C. and Romalis, J., 2014: International Prices and Endogenous Quality, *Quarterly Journal of Economics*, Vol. 129, No. 2.
[35] Hallak, J. C. and Sivadasan, J., 2013: Product and Process Productivity: Implications for Quality Choice and Conditional Exporter Premia, *Journal of International Economics*, Vol. 91, No. 1.
[36] Hsieh, C. T. and Klenow, P. J., 2009: Misallocation and Manufacturing TFP in China and India, *Quarterly Journal of Economics*, Vol. 124, No. 4.
[37] Khandelwal, A. K., Peter, K. S., and Wei, S. J., 2013: Trade Liberalization and Embedded Institutional Reform: Evidence from Chinese Exporters, *American Economic Review*, Vol. 103, No. 6.
[38] Melitz, M. J., 2003: The Impact of Trade on Intra-Industry Reallocations and Aggregate Industry Productivity, *Econometrica*, Vol. 71, No. 6.

Factor Market Distortions and Firm's Export Product Quality

—Theoretical Mechanism and Empirical Test

Aijun Fan Zhiqiang Zheng Yongjian Ma

Abstract: By combining and matching China Industrial Enterprise Database, China Customs Database and China Patent Database from 2000 to 2007, this paper studies the impact and mechanism of China's factor market distortion on the quality of firm export products from theoretical and empirical aspects. The results are as follows. The factor market distortion significantly inhibits the quality upgrading of firm's export products, and the conclusion is still robust after using the instrument variable method and the proxy variable transformation. The heterogeneity analysis results considering the characteristics of the enterprise, industry and region show that the factor market distortions have a greater inhibitory effect on general trade, private enterprise, and mid-western enterprises. Capital-intensive and labor-intensive industries are more affected than technology-intensive industries. Further intermediary effect tests prove that enterprise productivity and fixed cost input efficiency are important ways for factor market distortions to affect the quality upgrade of export enterprises. Based on the above research conclusions, this paper proposes policy recommendations for improving the factor market resource allocation mechanism and constructing a high-quality production system to improve enterprise productivity and fixed cost input efficiency.

Keywords: Factor Market Distortion Export Product Quality TFP Fixed Cost Input Efficiency

JEL Classification: F10 D21

本文附录：

关键性原始数据一

年份	出口产品质量 Qua_d	要素市场扭曲 Distortion	要素市场扭曲 factor1	要素市场扭曲 factor1 东部地区	要素市场扭曲 factor1 中西部地区
2000	0. 625	0. 937	0. 529	0. 265	0. 691
2001	0. 627	0. 940	0. 523	0. 280	0. 671
2002	0. 626	0. 942	0. 484	0. 251	0. 625
2003	0. 632	0. 942	0. 451	0. 212	0. 597
2004	0. 633	0. 947	0. 449	0. 235	0. 579
2005	0. 631	0. 942	0. 475	0. 260	0. 606
2006	0. 635	0. 941	0. 439	0. 206	0. 581
2007	0. 636	0. 941	0. 375	0. 142	0. 518

注：受篇幅限制，仅提供年度平均值数据。其中，出口产品质量 Qua_d、要素市场扭曲 Distortion 为企业层面的年度平均值，要素市场扭曲 factor1 为省份层面的年度平均值，对完整数据感兴趣的读者可以向作者索取。

关键性原始数据二

年份	要素市场扭曲 factor2	要素市场扭曲 factor2 东部地区	要素市场扭曲 factor2 中西部	要素市场扭曲 FAC	要素市场扭曲 FAC 东部地区	要素市场扭曲 FAC 中西部地区
2000	0. 368	0. 153	0. 499	57. 749	31. 767	73. 627
2001	0. 370	0. 170	0. 492	53. 927	22. 019	73. 426
2002	0. 364	0. 190	0. 470	55. 739	27. 238	73. 156
2003	0. 341	0. 181	0. 438	56. 205	30. 734	71. 771
2004	0. 351	0. 198	0. 445	55. 836	31. 503	70. 706
2005	0. 376	0. 221	0. 470	52. 181	26. 836	67. 700
2006	0. 339	0. 199	0. 425	52. 689	29. 210	67. 037
2007	0. 288	0. 153	0. 371	52. 999	31. 029	66. 424

注：要素市场扭曲 factor2、FAC 为省份层面的年度平均值。

我国区域生态福利绩效检思与优化

林克涛　张　策　刘义圣*

摘　要： 在强可持续发展范式下，生态福利绩效分解为经济绩效与福利绩效两个维度，本文在剖析生态环境、经济产出、人民福祉三者相互作用的基础上，运用 Super－NSBM 模型对我国区域生态福利绩效水平进行测算并实证分析的结果表明：我国整体生态福利绩效处于中高水平波动变化状态，区域间的差距水平较大；七大地区总体而言经济绩效低于福利绩效，且经济绩效与福利绩效两个维度的效率绝大多数处于 DEA 无效状态，资源转化率低是掣肘生态福利绩效提升的主要原因之一。建议：优先绿色发展，协调产业生态转型；推动区域协同，协调全域联动发展；强化资源利用，协调科技多元转化；重视公共福利产出，协调公共资源分配。

关键词： 生态福利绩效　资源消耗　经济增长　生态保护　福利水平

一、引　　言

经济增长、生态建设是民众所能直接感知的公众利益，不同时期、不同区域的利益选择可直接导致经济增长与生态环境间的协调或冲突。我国长期的粗放发展模式所带来的弊端近年来不断凸显，已威胁到社会经济的可持续发展，习近平生态文明思想提出“绿水青山就是金山银山，保护生态环境就是保护生产力”① 这一新经济发展观，为我国如何协调经济建设与生态建设提供了根本遵循，当前我国经济的发展绝离不开生态环境的修复与优化。而进一步研究亦表明生态环境的恶化不仅使得经济系统的可持续发展能力下

* 本文系 2018 年福建省高校特色新型智库民营经济发展研究院项目（F18009）和福建省高校人文社科研究基地侨乡区域经济发展研究中心项目（F18004）的阶段性研究成果。
感谢匿名审稿人的宝贵修改建议！
林克涛：泉州师范学院资源与环境科学学院；地址：福建省泉州市丰泽区东海大街 398 号，邮编：362000；E-mail：941594@ qq. com。
张策：海南师范大学经济与管理学院；地址：海南省海口市琼山区龙昆南路 99 号，邮编：571158；E-mail：772595773@ qq. com。
刘义圣：泉州师范学院商学院、福建省高校智库民营经济发展研究院；地址：福建省泉州市丰泽区东海大街 398 号，邮编：362000；E-mail：liuyisheng200208@ sina. com。

① 《绿水青山就是金山银山——关于大力推进生态文明建设》，中国共产党新闻网，2016 年 5 月 9 日。

降，更使得人民福祉的增长受限，随着我国多个地区出台生态系统生产总值（GEP）的核算办法，人们越发关注从生态系统中获取的安全感、获得感和幸福感，也越来越将此类主观的感受视为从生态环境中获得的福利，而生态环境的恶化随之带来了人民福祉的削弱。生态福利绩效（Ecological Welfare Performance）被定义为单位生态资源消耗所带来的人类福利产出（诸大建、张帅，2014），即自然资源投入转化为人类福利水平的效率，是地区福利产出量与自然资源投入量的比值，通常被用于评估一个国家或地区将生态资源消耗转化为人类福利的能力，是衡量生态文明建设、社会文明建设的重要指标。随着我国经济社会发展的不断深入，生态文明建设不仅关乎地区 GDP 及 GEP 的增长，也关乎到人民的福利提升，习近平总书记多次论述“良好的生态环境是最普惠的民生福祉”,① 生态福利绩效便是从根本上遵循这种理念，从生态环境优化出发，以人民福祉提升为最终目标，本质上阐述了“生态优化—经济增长—福祉提升”这一可持续发展路径。因此，对我国不同区域生态福利的现状及其与经济增长的协调性进行探讨具有理论和现实的意义。

二、文献综述

最初提出生态福利绩效概念的是美国生态经济学家戴利（Daly），他认为要深入评价各国可持续发展状况，不仅要考虑生态资源的投入，也要关注人类福利水平的产出，并用“Service”与“Through put”的比值表示（Daly，1974）。在国内外后续的研究中，康芒（Common，2007）提出了一种计算生态福利绩效的方法，即以一个人满足程度与环境投入程度之比来表示。迪茨（Dietz et al.，2011）把生态福利绩效解释为国家或地区出生时的预期寿命与人均生态足迹的比率，进而通过对 58 个国家的相关数据进行研究，发现人均 GDP 与生态福利绩效的关系与环境库兹涅兹曲线相反，表现为“U”型曲线。臧曼丹等（2013）阐述了生态福利绩效的概念与内涵，在此基础上构建生态福利绩效评价指标体系，对 G20 国家 1996 ~ 2007 年的生态福利绩效进行实证分析，结果表明大多数发展中国家生态福利绩效处在 G20 国家均值以上，而大部分发达国家则在均值以下。诸大建、张帅（2014）梳理了生态福利绩效与可持续发展之间的关系，运用指标比值法对 124 个国家和地区 2007 年的生态福利绩效进行实证研究，结果表明生态福利绩效和经济增长关系为倒“U”型。

上述研究无疑奠定了生态福利绩效的概念、内涵，而关于方法的探索也同样具有价值。近年来学者将目光聚焦于生态福利绩效测算方法的改良以及

① 《习近平时间　良好生态环境是最普惠的民生福祉》，载《新华社新媒体》2018 年 10 月 7 日。

影响因素的研究，如龙亮军等（2017）利用数据包络分析法中的超效率 SBM 模型研究了我国 35 个大中城市的生态福利绩效水平并利用 Tobit 回归模型测算其影响因素，结果表明我国 35 个大中城市 2013 年整体生态福利绩效水平偏低，城市紧凑度、绿化水平与生态福利绩效呈正相关。肖黎明、吉荟茹（2018）从绿色技术创新视角出发，在测算我国 2004 ~ 2016 年生态福利绩效水平的基础上，通过 Getis – Ord Gi* 指数，进一步分析了生态福利绩效的空间特征和冷热点分布规律，结果表明生态福利绩效冷热点区域的数量和结构分布不均匀，表现出显著的空间异质性，区位优势显著的地区往往是生态福利绩效的热点区域。冯等（Feng et al.，2019）采用空间计量动态面板模型，利用我国 30 个省份 1994 ~ 2014 年的统计数据，实证检验了产业结构调整（ISGA）和绿色全要素生产率（GTFP）对生态福利绩效增长的影响，结果表明空间溢出是影响绩效的重要因素，我国各省区生态福利绩效增长的主要驱动力已逐渐从 ISGA 转向 GTFP，而 GTFP 是 ISGA 结构性红利发挥作用的必要条件。李成宇等（2019）运用 SBM 模型测算了我国 30 个省份 2001 ~ 2015 年的生态福利绩效，并用空间计量模型分析其影响因素，结果表明我国生态福利绩效的总体水平较高，但呈逐年下降趋势，且存在明显的空间集聚现象，城镇化水平、医疗卫生水平的提高对生态福利绩效的提升作用明显。王圣云等（2020）运用比值法构建我国省域生态福利绩效模型，而后将其分解为经济增长的福利效应和生态效率两个驱动效应，并应用 Tapio 脱钩模型和 DEA – ML 指数模型对二者进行分析，发现不仅自然资源高消耗制约了我国生态福利绩效的提升，而且经济增长付出的资源环境代价影响了我国经济发展质量。林克涛等（2020）测算了福建 2012 ~ 2017 年的生态福利综合绩效与分阶段绩效，结果表明福建省可能进入“生态福利提升瓶颈期”，而后通过冗余度分析对各区域绩效提升提出针对性建议。

梳理发现，上述学者的研究主要体现为定量分析，对福利形成的经济内涵的探索欠缺，更难以反映近年的动态发展过程；且生态福利绩效测算方法对于过程的考量较为简单化，可能存在精确度不足的问题。本文拟在探讨生态福利绩效形成机制的基础上，建立基于福利形成过程的生态福利绩效指标体系，然后对我国 30 个省份以及按国家地理分区划分的七大区域，即华北、东北、华东、华中、华南、西南、西北 2009 ~ 2017 年生态福利绩效的时空差异和维度差异进行探索，最终提出生态环境、经济产出、人民福祉三者协调发展的路径。

三、强可持续发展范式下的生态福利形成机理

（一）可持续发展经济学简述

自 1972 年《增长的极限》出版以来，可持续发展经济学崛起，受到国

内外学者广泛讨论，其中经济系统与自然系统的关系和边界问题是新古典经济学与可持续发展经济学辩论的重要领域。工业文明初始时代，经济系统规模较小未触碰到自然系统边界，自然资本的富裕使得人造资本相对稀缺，其规模扩张的制约因素是稀缺的人造资本，戴利（Daly，2005）将其称为“空的世界”。在这种时代背景下，新古典经济学认为经济系统是独立、游离于自然系统之外而存在的，并且随着科学技术的不断进步，人造资本将不断积累，经济系统可以无生态成本的扩张（诸大建、张帅，2014）。同时其在分析资源有效配置时也只将劳动、设备以及技术知识等作为稀缺资源，却没有把能源、土地资源、水资源、优良的生态等要素纳入分析视野，显然这种理念在为工业文明提供发展思路的同时忽视了支持人类经济系统发展的自然系统，为世界性的生态危机与环境污染埋下了隐患。而正如《增长的极限》所言，可持续极限一旦被超过，“限缩”（即生态承载力持续超限所导致的自然、经济系统退化）便不可避免（Meadows et al.，1972；乔根·兰德斯、王小钢，2016），从工业文明时代至今的社会经济实践表明，人类生态占用已超过地球环境承载力水平，世界性生态危机逐渐凸显，如南极臭氧层空洞、全球土地荒漠化、森林面积锐减等问题日益严重。而可持续发展经济学认为经济系统是自然系统的子系统，自然系统是有边界的，因此经济系统作为子系统也存在增长的极限。这便延伸出“生态门槛”的概念，即经济系统的物理规模增长被限制在自然系统的边界之内（Niccolucci et al.，2007），在边界之内的经济系统扩张是可持续的，而在超越边界之外的扩张则是不可持续的。在经济系统生产率上，可持续发展经济学强调在提高劳动生产率与资本生产率的同时也要注意提高土地、能源、水以及稀缺自然资源的资源生产率（诸大建，2013）。因为在现今地球，随着经济系统规模的不断扩张，原本在工业文明时代稀缺的人造资本已相对富裕，随之转变的是自然资本的稀缺，并且自然资本正在不断深化对人类经济系统发展的制约，这便来到戴利（2005）所描述的“满的世界”。

那么在一个“满的世界”中，稀缺的自然资本与富裕的人造资本能否相互替代？对于这个问题的回答可划分为强、弱两种可持续发展范式。弱可持续发展范式认为人造资本与自然资本可以相互替代，技术进步将使得稀缺的自然要素不断被人造资本替代，因此实现经济系统的可持续便只需实现经济规模的不断增长。而强可持续发展范式认为二者无法相互替代，至少在某些自然资本的关键领域无法实现这种替代（如能源、生物多样性方面），二者更多是一种互补关系（Daly，2013），即自然资本可视为经济生产活动中的物质来源，而人造资本则视为工具媒介，二者共同完成经济生产活动。可持续发展经济学需要解决的问题是如何在自然资本成为新的稀缺要素背景下，在保持自然系统边界不限缩的条件下，提高人民福祉与可持续发展能力。即所谓从追求物理规模下的经济系统扩张走向追求自然系统稳定状态下的人类发展，从追求“更大的经济”转变为追求“更好的经济”（诸大建，2013）。当前社会人类已经完成了从戴利所论述的自然资本对人造资本相对充裕的“空的世界”到以自然资本为制约的“满的世界”的跨越（Daly，2005），以新古典经济学家为代表的弱可持续发展因此不断受到挑战，强可持续发展观越则来越受到政府和学者的重视。

（二）强可持续发展下的人民福祉

正如《增长的极限》提醒我们，在最深的层面人类的终极目标是幸福，经济增长只是增加人类消费和福祉的一种工具（乔根·兰德斯、王小钢，2016）。以庇古为代表的旧福利经济学家认为福利是人们对其所获得效用的满足程度（陈红霞，2002），福利的最大化被表达为物质财富的最大化，通常认为是国民收入，提高社会福利的主要方式是收入分配的转移。新福利经济学则引入函数模型，提出帕累托最优（即资源的最佳配置）、社会福利函数等理论进一步解释如何提升社会福利。但二者都是在新古典经济学视角下的福利，即福利的增长都是以物质财富的增长为衡量的，即便有“庇古税”“科斯定律”等理论对生态环境问题进行弥补，但仍旧是在弱可持续发展范式之下，以人造资本替代自然资本，无法实现真正的可持续发展，本文将二者称为传统福利经济学。而阿玛蒂亚·森的福利经济学将只注重经济、资源配置效率的传统福利经济学思想转向了关注人的全面发展，森从社会个体的异质性出发，提出可行能力平等理论，由对效用的关注转变为对个人能力的关注，真正的福利是个人权利、社会保障的增长，经济产出只是实现这种自由与权利的途径。从中我们可以进一步探讨强可持续发展范式下的人民福祉是如何形成：首先，需要明确的是经济增长如人均 GDP 等只是实现人民福祉增长的中间手段。其次，区域经济系统的扩张需在自然系统的边界之内，此处有两个福利来源，一是自然系统为经济系统提供增长动力的物质资料，二是自然系统稳定发展下，生态环境的优化给居民带来身体、心理上的效用。最后是以人为本的个人公平、权利自由与社会保障的提升带来的福利，如政治权利、医疗健康、教育等，而这些福利的增长也需要建立在经济系统规模扩大的基础上。如果实现了福利水平边际收益大于自然系统边际成本，那么人民福祉的提升便是可持续的，反之若是边际成本大于边际收益则会遭遇“福利门槛”（Max - Neef，1995），福利水平会随着经济系统的扩张而停滞或是降低（Niccolucci et al.，2007）。

（三）生态福利绩效循环转化机理

生态福利绩效作为研究自然系统、经济系统、福利系统三者之间循环交流的一个新视角，能够更加直观地体现三者相互作用的机制，为推进三者的可持续发展提供了新的思路。生态福利绩效正是高度契合了可持续发展经济学理论，其循环特征及循环机理如图1所示。

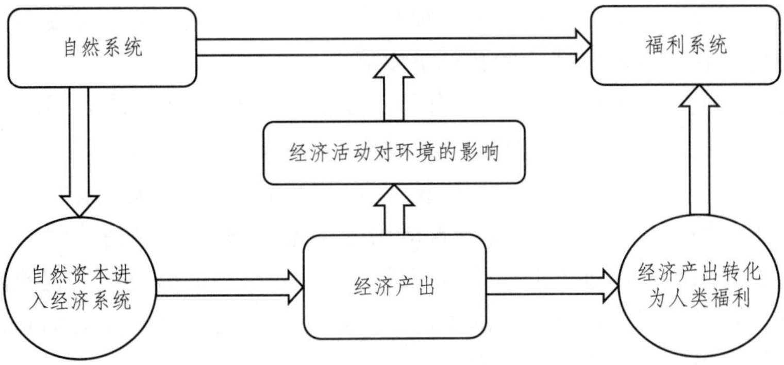

图1　生态福利绩效循环转化机理

生态福利绩效的循环主要体现在两点：一是双维度，二是系统间的作用机制。其维度一是自然系统为经济系统提供发展必需的资源，人类主要通过生产要素的配置形成经济产出。该维度下的经济绩效水平反映了传统福利经济视角下的生态福利状态，即追求“更大的经济”，经济绩效在此被定义为自然系统所消耗的一切物质能量转化为经济产出的效率。然而生态福利绩效追求的毕竟是基于生态资源条件下的人类福利最大化，经济增长一方面作为衡量福利的指标之一，另一方面也是自然生态产出转化为人类福利的中间环节。所以其维度二，体现的是自然环境与经济产出共同作用于人民福祉产出的转化过程，即经济产出与生态损耗带来的福利下降或是生态修复带来的福利提升共同转化为人民福祉的效率，本文将其称为福利绩效。

接下来剖析自然系统、经济系统、福利系统三者之间的相互作用机制。首先，自然系统为经济系统提供了发展所必需的低熵的能源和物质，也为人类生产生活提供了一个生态环境场所，并且稳定的自然生态系统能营造优良的环境，使人类身体、心理得到提升，有益于福利系统增长。其次，经济系统从自然系统获取必需的能源物质，通过各种人造资本要素进行加工形成经济产出，这是人类的福利感知的重要部分，因而经济产出也是包含于福利系统中的一项必不可少的内容，同时其也作为连接自然系统与福利系统的中间桥梁；经济产出对社会发展有正外部性能带来以医疗、教育为代表的公共事业的发展，以推动福利系统的提升。但由于资源利用效率、环境规制强度等因素的影响，在这一转化中经济产出对自然系统既可能表现为正外部性（如实施生态修复工程），也可能表现为负外部性（如排放二氧化硫、氮氧化物等高熵的废弃物），分别造成生态环境的优化或是削弱，进而改变人类从自然系统获取的福利水平。因此福利系统的来源一是稳定状态下的自然系统所提供的良好生态环境，二是经济系统通过资源要素加工形成的经济产出，三是经济产出通过国家政策形成公共服务、转移支付等福利，而随着人类社会进一步发展对于福利产出的要求也愈高，除物质财富外，对于康养、精神、生态的福利追求将更加迫切，因此福利系统又将反作用于自然系统与经济系统，促使二者在更加可持续的状态下发展。

总之，生态福利绩效揭示了自然、经济、福利三个系统之间的相互制约、相互促进的机制，阐述了“生态优化—经济增长—福祉提升”这一可持续发展路径，为生态保护、经济增长、人民福利三者协调发展提供了一个新视野。生态福利绩效的综合水平通常用于衡量区域生态福利绩效的总体状态。通过对两个不同维度的转化状态进行评价分析，能够避免过程衡量中的黑箱化，及时发现区域发展中的不协调问题，同时也让区域生态福利提升实现阶段性突破，进而做到有的放矢。

四、实证分析

（一）研究方法

基于本文对强可持续发展范式下生态福利绩效的形成机理分析，DEA 方法中的 Super - NSBM 模型由于考虑了非期望产出的两个维度，契合本文所阐述的生态福利绩效的两维度转化机制，选取该模型用于生态福利绩效测算。托恩（Tone）在 2002 年为弥补传统 DEA 模型无法考虑投入与产出之间松弛性和多个决策单元效率值为 1 时无法对比的缺陷提出 Super - SBM 模型（Tone，2001；Tone，2002），但为了避免决策单元被视作“黑箱”，Tone 又提出了一种基于 Super - SBM 模型松弛变量的 Network - DEA 模型（Tone and Tsutsui，2010）即 Super - NSBM 模型（模型表达式详见附录），该模型在评价决策单元综合效率时还能评价子阶段效率，解析整体与部分之间的联机机制（龙亮军，2019），同时为提升精确度，又进一步选取 Windows DEA 模型辅助，将位于不同时间段的决策单元视作不同的“决策单元”处理，以使数量较大的决策单元绩效测算更加科学。但 Windows DEA 模型需预设窗口宽度，本文参考相关设定方法（龙亮军，2019），取窗口宽度 d = 3。通过测算，再将各年份在不同窗口的效率值取平均值，经平均后得出各决策单元的最终效率值。

（二）区域生态福利绩效评价指标体系建构

在上文生态福利绩效机理分析的基础上接下来建立基于两阶段 Super - NSBM 模型的投入与产出指标体系，根据前文所叙述的生态福利绩效转化过程，人类社会经济系统从自然系统中获取自然资本通过资源配置形成经济产出，再由自然系统的优化或是损耗与经济产出共同作用形成人民福祉。因此投入指标需衡量自然系统为经济系统所提供的能源物质等关键自然资本，主要是基础生态资源消耗，而在生态资源进入经济系统后形成期望产出即经济规模的增长，其作为中间变量联结福利系统，同时也会形成非期望产出即排放的高熵废弃物造成环境的破坏，亦可将其看作福利成本，与经济增长共同作用于福利产出。结合区域特征、数据可得性与相关指标体系构建方法（龙亮军等，2017；龙亮军，2019），基础生态资源消耗主要为能源、水资源、土地等关键自然资本，故以人均能源消费、人均建成区面积、人均用水量三者表示。中间变量经济产出则以当前研究较为惯用的区域人均 GDP 产出衡量。依据阿玛蒂亚·森的福利经济学，福利产出应注重人的可持续发展，权利自由、社会保障是重要指标，在我国，国家的一切权利属于人民，故无须衡量，因此福利指标应更加注重社会公共服务的产出，其中公民教育与医疗卫生是公共服务的重要方面，故以联合国开发计划署（UNDP）公布的人类发展指数（HDI）中所采用的平均受教育年限、人均预期寿命这两个指标表示（UNDP，1990）；非期望产出的高熵废弃物对自然系统的破坏主要以排放的污染物为代表，部分研究采用工业污染物排放衡量，这种方式对于区域污染物排放的概括不全面，城市生活、农业生产也会产生污染物排放，故选取全面反映影响区域生态环境的区域“三废”指标表征非期望产出，详情见表 1。

表 1　区域生态福利绩效评价指标体系

<table>
<tr><th colspan="2">类别</th><th>一级指标</th><th>二级指标</th><th>三级指标</th></tr>
<tr><td colspan="2" rowspan="3">投入指标</td><td rowspan="3">资源消耗</td><td>能源消耗</td><td>人均能源消费（X_1）</td></tr>
<tr><td>土地资源消耗</td><td>人均建成区面积（X_2）</td></tr>
<tr><td>水资源消耗</td><td>人均用水量（X_3）</td></tr>
<tr><td rowspan="7">中间指标</td><td rowspan="6">非期望产出</td><td rowspan="6">环境污染</td><td rowspan="2">废水排放</td><td>人均废水化学需氧量排放量（Z_1）</td></tr>
<tr><td>人均废水氨氮排放量（Z_2）</td></tr>
<tr><td rowspan="2">废气排放</td><td>人均二氧化硫排放（Z_3）</td></tr>
<tr><td>人均烟（粉）尘排量（Z_4）</td></tr>
<tr><td rowspan="2">固废排放</td><td>人均一般工业固体废弃物产生量（Z_5）</td></tr>
<tr><td>人均生活垃圾清运量（Z_6）</td></tr>
<tr><td>期望产出</td><td>经济产出</td><td>GDP 水平</td><td>人均 GDP（U）</td></tr>
<tr><td colspan="2" rowspan="2">最终产出指标</td><td rowspan="2">福利水平</td><td>教育发展水平</td><td>平均受教育年限（Y_1）</td></tr>
<tr><td>健康医疗水平</td><td>人口平均预期寿命（Y_2）</td></tr>
</table>

同时，本文选取 2009 ~ 2017 年的数据作为研究时间的区间，主要原因：第一，2017 年之后，与本文相关的部分指标的统计数据尚未公布，本文在研

究过程中无法获取 2018 ~ 2020 年的最新数据；第二，自 2007 年到 2009 年，我国密集出台各类清洁生产标准，并且在 2009 年的丹麦哥本哈根气候大会上，我国对全世界做出了“节能减排”的重要承诺，意味着我国将进一步实施更加深入、细致、覆盖面广的节能减排措施，我国的生态福利绩效必然也会随着这些措施的实行而发生重大的变化。

以全国 30 个省份 2009 ~ 2017 年面板数据进行实证分析（因数据可得性，本文研究不包含西藏、港澳台地区），其中资源消耗、环境污染以及人均 GDP 等数据主要来自 2010 ~ 2018 年《中国统计年鉴》《中国能源统计年鉴》《中国环境统计年鉴》《中国城市建设统计年鉴》《中国教育统计年鉴》，以及各省（市区）相关年份统计年鉴及 2009 ~ 2017 年国民经济和社会发展公报，部分数据来自中国住房和城乡建设部统计数据。由于研究时间跨度较长，且平均预期寿命数据的更新周期较长，故采用内插法与外推法通过计算而得。平均受教育年限指标参考《2013 年中国人类发展报告》中的计算方法（联合国开发计划署，2013），其公式为：

$$平均受教育年限 = \frac{6 \times P_{小学} + 9 \times P_{初中} + 12 \times P_{高中} + 16 \times P_{大专以上}}{P_{小学} + P_{初中} + P_{高中} + P_{大专以上}}$$

其中，P 表示为受不同程度教育的人数，分为小学、初中、高中、大专以上四个层次进行平均教育年限计算。

（三）区域生态福利绩效综合水平分析与评价

基于我国 30 个省份 2009 ~ 2017 年面板数据，运用考虑非期望产出的两阶段 Super - NSBM 模型与 Windows DEA 模型，借助 MaxDEA 8 Ultra 软件，测算并得出了 2009 ~ 2017 年我国七大区域生态福利绩效的综合效率（见表 2）及各地区指标冗余度改进表（篇幅所限暂未加入正文，如有需要可向作者索取）。需要注意的是 DEA 有效是相对于测算样本而言的，结果会因样本的变化而变化。

表 2　2009 ~ 2017 年我国 30 个省份及七大区域生态福利绩效综合水平测算结果

区域		2009 年	2010 年	2011 年	2012 年	2013 年	2014 年	2015 年	2016 年	2017 年	平均值	排名
华北地区	北京	1.011	1.089	1.004	0.981	0.997	0.996	0.995	1.294	1.132	1.055	1
	天津	0.993	0.994	0.956	1.016	1.045	1.023	1.021	1.053	1.018	1.013	3
	河北	0.676	0.696	0.644	0.682	0.725	0.718	0.879	0.690	0.958	0.741	18
	山西	0.979	0.978	0.830	0.828	0.945	0.995	0.976	1.017	0.981	0.948	10
	内蒙古	0.286	0.281	0.272	0.279	0.297	0.298	0.290	0.303	0.304	0.290	28
	平均值	0.789	0.808	0.741	0.757	0.802	0.806	0.832	0.871	0.879	0.809	—

续表

区域		2009年	2010年	2011年	2012年	2013年	2014年	2015年	2016年	2017年	平均值	排名
东北地区	辽宁	0.444	0.452	0.438	0.447	0.465	0.448	0.441	0.460	0.476	0.452	25
	吉林	0.536	0.545	0.497	0.509	0.533	0.507	0.497	0.543	0.530	0.522	23
	黑龙江	0.458	0.462	0.429	0.425	0.461	0.443	0.427	0.434	0.434	0.441	26
	平均值	0.479	0.486	0.455	0.460	0.486	0.466	0.455	0.479	0.480	0.472	—
华东地区	上海	1.002	0.812	0.743	0.938	1.025	0.910	0.878	0.975	1.123	0.934	12
	江苏	0.560	0.551	0.506	0.527	0.526	0.467	0.441	0.411	0.408	0.489	24
	浙江	0.758	0.787	0.701	0.750	0.760	0.714	0.683	0.704	0.704	0.729	19
	安徽	1.044	0.968	0.876	0.946	1.001	0.988	0.956	0.975	0.969	0.969	5
	福建	0.633	0.609	0.630	0.618	0.638	0.613	0.578	0.607	0.570	0.611	22
	江西	0.989	0.944	0.876	0.957	0.940	0.976	0.946	0.968	0.966	0.951	8
	山东	0.951	0.971	0.667	0.706	0.774	0.701	0.686	0.758	0.833	0.783	16
	平均值	0.848	0.806	0.714	0.777	0.809	0.767	0.738	0.771	0.796	0.781	—
华中地区	河南	0.970	0.966	0.963	0.951	0.968	0.964	0.921	0.958	0.958	0.958	7
	湖北	0.682	0.674	0.625	0.667	0.704	0.652	0.612	0.622	0.624	0.651	20
	湖南	0.984	0.979	0.796	0.893	0.972	0.968	0.950	0.965	0.964	0.941	11
	平均值	0.879	0.873	0.795	0.837	0.881	0.861	0.828	0.848	0.849	0.850	—
华南地区	广东	0.676	0.743	0.667	0.737	0.803	0.775	0.799	0.786	0.767	0.750	17
	广西	1.078	0.961	0.996	0.991	1.007	0.979	0.991	0.967	1.015	0.998	4
	海南	1.076	1.341	0.895	0.953	1.022	0.975	0.970	0.967	0.964	1.018	2
	平均值	0.943	1.015	0.853	0.894	0.944	0.910	0.920	0.907	0.915	0.922	—
西南地区	重庆	0.799	0.760	0.783	0.897	0.983	0.899	0.858	0.948	0.974	0.878	14
	四川	0.992	0.948	0.983	0.986	0.988	0.913	0.831	0.888	0.736	0.918	13
	贵州	1.046	1.071	0.920	0.948	1.008	0.981	0.976	0.971	0.770	0.966	6
	云南	0.972	0.971	0.850	0.904	0.971	0.972	0.973	0.972	0.968	0.950	9
	平均值	0.952	0.938	0.884	0.934	0.988	0.941	0.910	0.945	0.862	0.928	—
西北地区	陕西	0.994	0.993	0.901	0.962	0.935	0.822	0.736	0.796	0.749	0.877	15
	甘肃	0.697	0.676	0.600	0.641	0.665	0.617	0.591	0.622	0.637	0.638	21
	青海	0.452	0.454	0.416	0.462	0.433	0.435	0.398	0.403	0.413	0.430	27
	宁夏	0.228	0.222	0.210	0.224	0.226	0.224	0.216	0.229	0.219	0.222	30
	新疆	0.282	0.278	0.253	0.242	0.232	0.231	0.234	0.247	0.245	0.249	29
	平均值	0.531	0.525	0.476	0.506	0.498	0.466	0.435	0.459	0.453	0.483	—
全国	平均值	0.775	0.772	0.698	0.736	0.768	0.740	0.725	0.751	0.747	0.746	—

资料来源：笔者计算整理所得。

根据表 2，我国整体生态福利绩效为 0.746，在研究期呈中高水平小幅度波动态势。从总体年均绩效水平看，2009 年的生态福利绩效最高（0.775），2011 年最低（0.698）。原因可能在于前期粗放的发展模式虽然推动经济快速发展，但也导致生态环境问题于这一时间点集中爆发；而后期我国在战略上越发重视生态环境建设，生态福利绩效也随之逐年恢复，并保持了较为稳定的水平。

从区域间的比较情况看，华北、东北、华东、华中、华南、西南、西北地区在 2009 ~ 2017 年的平均生态福利绩效依次为：0.809、0.472、0.781、0.850、0.922、0.928、0.483，其中东北、西北低于全国平均水平，其余地区高于全国平均水平，不平衡现象有所加剧。省域上，北京、海南、天津三个省份在研究期间实现了相对 DEA 有效，另有 10 个省份的生态福利绩效大于 0.9。从生态福利绩效结果看，同时结合相对无效区域各投入产出指标冗余度改进表，华南、西南两个地区整体生态福利绩效较高，接近相对 DEA 有效，说明这两个地区在资源投入、经济产出、福利水平三者的协同上较好，但并未达到最佳，未来应在以经济建设为中心的基础上，提高居民的福利水平，推动科技发展提高对资源的转化率。特别值得注意的是，西南地区生态福利绩效的平均水平最优，一方面说明西南地区的总体生态建设水平较高，另一方面也说明人民群众的物质水平、健康水平和教育水平在稳定提升。华东地区生态福利绩效表现一般，且区域内经济发达的省份结果反而不太理想。分析华东沿海省份及华南广东省的总体生态福利绩效不理想的原因可能有以下几点：首先，其外来人口大量增加造成公共资源的短缺；其次，部分区域在城市化、工业化持续推进过程中还存在资源浪费、环境污染严重等问题，且环境规制力度不够；最后，在沿海地区经济快速发展过程中，省域内的发展不平衡现状加剧。华中与华北地区的生态福利绩效水平也较高，仅次于华南、西南地区。但环境污染一直是华北地区的严重问题，大量开采煤炭资源导致地表环境被破坏，而煤炭为主的能源消费又导致生态环境污染，所以区域污染物排放较多、能源消耗量大限制了生态福利绩效的提升。在华北地区中北京、天津两地生态福利绩效之所以较高，主要缘于产业结构的升级与环境规制的强化。华北其余省份也应加强环境约束力，严格控制污染排放，推动产业的绿色生产与能源消费结构优化。华中地区生态福利绩效的不足主要由于部分省份的能源与水资源消耗量过大所致。东北、西北两地区一直位居全国末位，资源转化率低、经济产出不足可能是主要原因。东北地区在我国经济建设过程中曾起到重要作用，但近几年来经济乏力导致原有产业所遗留的生态问题并未有效改善，加剧了地区生态环境的治理难度，应加速产业结构调整，改变依赖第二产业的发展格局，积极提升工业系统的资源利用效率。西北是我国自然环境较为恶劣的地区，虽然矿产资源较为丰富，但是资源优势转化为经济增长的能力不足，同时地区水资源短缺，给地区生态福利的提升带来较大压力，提高工农业用水效率应是提升区域生态福利的重要方向。

（四）区域生态福利绩效的分维度结果分析与评价

同样，基于运用考虑非期望产出的两阶段 Super - NSBM 模型与 Windows DEA 模型，借助 MaxDEA 8 Ultra 软件，测算得出了经济转化和福利转化两个分维度效率（见表3）。

表3　2009～2017年我国七大区域生态福利绩效分维度效率测算结果

年份	维度	华北地区	东北地区	华东地区	华中地区	华南地区	西南地区	西北地区
2009	经济绩效	0.782	0.443	0.852	0.883	0.960	0.946	0.500
	福利绩效	0.845	0.770	0.859	0.961	0.978	1.030	0.888
2010	经济绩效	0.819	0.449	0.809	0.885	1.183	0.938	0.497
	福利绩效	0.810	0.834	0.794	0.919	0.942	0.948	0.799
2011	经济绩效	0.723	0.408	0.698	0.796	0.839	0.872	0.442
	福利绩效	0.780	0.805	0.717	0.811	0.851	0.887	0.691
2012	经济绩效	0.740	0.418	0.770	0.845	0.889	0.935	0.479
	福利绩效	0.820	0.833	0.787	0.875	0.928	0.930	0.762
2013	经济绩效	0.796	0.446	0.819	0.899	0.960	1.005	0.473
	福利绩效	0.833	0.858	0.794	0.899	0.967	0.976	0.787
2014	经济绩效	0.797	0.418	0.767	0.877	0.918	0.945	0.426
	福利绩效	0.853	0.868	0.791	0.892	0.940	0.982	0.861
2015	经济绩效	0.827	0.400	0.724	0.828	0.933	0.905	0.389
	福利绩效	0.904	0.889	0.805	0.888	0.921	0.984	0.955
2016	经济绩效	0.985	0.429	0.770	0.865	0.937	0.959	0.418
	福利绩效	0.930	0.984	0.784	0.878	0.869	0.972	0.998
2017	经济绩效	0.916	0.425	0.822	0.868	0.929	0.862	0.419
	福利绩效	0.885	1.004	0.744	0.870	0.925	0.951	0.930
均值	经济绩效	0.821	0.426	0.781	0.861	0.950	0.930	0.449
	福利绩效	0.851	0.872	0.786	0.888	0.924	0.962	0.852

数据来源：笔者计算整理所得。

总体上，我国七大地区在第一维度，即生态转化为经济增长的效率低于第二维度自然环境与经济增长共同转化为生态福利的效率。且两个维度的效率绝大多数时间都小于1，处于DEA无效状态，未能有满足两个维度均大于

1，表明我国在生态福利转化过程中，自然资源转化为经济绩效的水平，以及经济与自然共同转化为福利绩效的水平都不理想，二者存在协调性不足的问题。

从两个维度的年均水平看，低经济绩效以东北、西北两个地区最为明显。结合第二维度自然环境与经济增长共同转化形成的福利绩效的效率显示，经济绩效不高是这两个地区生态福利绩效较低的主要原因。两地区在经济发展过程中均存在资源转化效率不足的问题，尤其是资源浪费导致对自然资源的负外部性影响较大，进而导致了生态福利绩效较低。

华东地区第二维度福利转化的绩效水平较低，其原因可能在于其经济发展存在较大对自然系统的负向外部性影响，而经济对社会系统发展所起的正外部性不足。华东地区是我国经济重心、人口重心，城市人口压力较大，教育、医疗水平并不能满足社会需要，同时“三废”排放也未能得到强有力的控制，导致福利绩效低于其他地区。

华南、西南两个地区生态福利绩效的第一维度绩效和第二维度绩效都处于较高水平，接近 DEA 相对有效，表明两地区在生态、经济、福利三者协调方面优于其他地区，但仍应在生态可持续的基础上加强经济建设，提升经济体量，以支撑福利的不断增长。华北与华中地区的经济绩效、福利绩效处于我国中游水平，并且两地区经济绩效略低于福利转化绩效，应注重科技对资源转化率的支撑作用。

五、结论与建议

本文基于强可持续发展范式探讨了生态福利绩效理论机制，构建了区域生态福利绩效指标体系，并运用 Super - NSBM 模型与 Windows DEA 模型测算我国 30 个省份及七大区域 2009 ~ 2017 年的生态福利绩效。结果表明：(1) 在研究期间我国整体生态福利绩效为 0.746，呈小幅度波动态势；2009 年的生态福利绩效水平最高（0.775），2011 年水平最低（0.698）。(2) 我国地区生态福利绩效排名从高到低依次为西南、华南、华中、华北、华东、西北、东北；其中西南与华南区域大于 0.9，生态福利绩效处于较高水平；西北与东北区域生态福利绩效低于 0.5，在资源消耗、经济增长、福利产出三方面都有较大欠缺。(3) 总体而言，我国七大地区第一维度经济绩效低于第二维度福利绩效，且经济绩效与福利绩效两个维度效率绝大多数都小于 1，处于 DEA 无效状态。

基于以上数据结果分析与研究结论，为进一步推动我国区域生态福利绩效持续增长，本文提出建议如下：

第一，优先绿色发展，协调产业生态转型。当前我国生态福利绩效总体而言仍处于较低水平，在以第二产业为经济主导的地区更是不太理想。产业绿色转型是提升生态福利绩效的重要推动力，推动产业向生态化发展是实现经济与生态环境相协调的重要手段。区域高污染、高耗能产业的逐步退出，可推动地区经济增长动能转换，是缓解资源浪费及污染物排放问题的直接方式。就具体各区域而言，作为经济强势区域华北、华东、华南地区，需对长期形成的生态环境污染问题进行重点解决，坚决取缔重大污染企业。东北地区则亟须改变以重工业为主的产业结构，强化三产发展，提升一产的物质利用率。华中、西南等区域生态基础相对较好，应避免因一味追求经济增长而导致产业引进泥沙俱下，在承接产业的选择上应注重低能耗、低污染。

第二，优化区域协同，协调全域联动发展。从现实情况看，西北、东北因低水平的经济绩效导致生态福利绩效处于落后态势，主要表现为经济产出、资源转化能力的不足。在我国提出“双循环”新发展格局的背景下，两地区应抓住发展机遇，积极适应全国区域经济发展布局，在强化现有优质产业的基础上，积极拓展新业态、新模式，在区域协调发展中明确自身定位与方向。华东、华南等沿海地区在经济规模、产业结构、资源利用效率、公共服务发展水平上相对优于其他区域，需充分利用自身经济、科技优势，发挥产业效率优势，以高质量产业转移带动内陆地区产业发展。而资源匮乏区域应注重区域资源协调发展的规划，如西北地区存在水资源先天不足的问题，应在战略层面上制定省际合理的资源共享及利益分配的方式。

第三，强化资源利用，协调科技多元转化。从数据冗余度结果看，我国近2/3地区存在基础生态资源消耗过量的问题，从资源利用方面看一是要节流，二是要开源。在具有不可替代性的自然资本领域，节约资源、强化资源利用至关重要。一方面，强化西北、东北、西南在光伏能源、风能、地热及水能方面的合理开发，通过绿色能源产业的发展降低传统煤电的消耗，优化生态环境并推进区域经济发展；另一方面，通过清洁能源的联网输送，其他区域亦可减少对传统能源的依赖，进而实现全局性经济发展与生态建设的协调。同时，资源利用率的提升离不开科技的支撑，科技水平的发展决定了地区资源转化的效率，但科技的投入和转化不应只重视经济发展，也应注重绿色发展的技术创新，以此推动生态福利绩效提升。此外，由于生态环境的建设相比经济建设更具长期性和不确定性，容易导致企业产生创新惰性，因此，生态环境领域的科技创新需要从战略层面引领，推进相关企业重点进行攻关与转化，以全方位地发挥科技的力量，推动经济与生态福利绩效协调发展。

第四，重视公共福利产出，协调公共资源分配。我国总体上福利绩效高于经济绩效，但仍未实现DEA相对有效，出现这一问题有可能是在快速城市化压力下区域的公共服务供给不足造成的。其中教育与医疗是人们最为关注的公共福利，应首先完善教育医疗体系配置，着重解决区域内部的教育医疗资源分配问题，不断强化经济增长对于二者建设的重要支撑作用，突破

"福利门槛"的制约。而促进自然系统向稳定化发展也是提升福利绩效的重要途径，通过对公共绿地、游憩场所、景观设施的营造，美化区域环境，改善局部气候，提升区域生态抗干扰能力，减少城市硬化面积和建筑密度，为居民提供社交与运动必要的场地，实现自然资本的强化。同时也应使经济行为的负外部性最小化，建立完善环境与资源的价格体系，优化生态补偿机制，提升环境规制强度，杜绝"软治理"现象。

参考文献

[1] 陈红霞：《社会福利思想》，社会文献科学出版社 2002 年版。

[2] 龙亮军、王霞、郭兵：《基于改进 DEA 模型的城市生态福利绩效评价研究——以我国 35 个大中城市为例》，载《自然资源学报》2017 年第 4 期。

[3] 林克涛、邓惺炜、叶颉：《基于 Super - NSBM 与 Window DEA 模型的区域生态福利绩效评价研究——以福建省为例》，载《生态环境学报》2020 年第 10 期。

[4] 龙亮军：《基于两阶段 Super - NSBM 模型的城市生态福利绩效评价研究》，载《中国人口·资源与环境》2019 年第 7 期。

[5] 联合国开发计划署：《中国人类发展报告 2013》，中国对外翻译出版公司 2013 年版。

[6] 李成宇、张士强、张伟、廖显春：《中国省际生态福利绩效测算及影响因素研究》，载《地理科学》2019 年第 12 期。

[7] 乔根·兰德斯、王小钢：《极限之上：〈增长的极限〉40 年后的再思考》，载《探索与争鸣》2016 年第 10 期。

[8] 王圣云、韩亚杰、任慧敏、李晶：《中国省域生态福利绩效评估及其驱动效应分解》，载《资源科学》2020 年第 5 期。

[9] 肖黎明、吉荟茹：《绿色技术创新视域下中国生态福利绩效的时空演变及影响因素——基于省域尺度的数据检验》，载《科技管理研究》2018 年第 17 期。

[10] 臧漫丹、诸大建、刘国平：《生态福利绩效：概念、内涵及 G20 实证》，载《中国人口·资源与环境》2013 年第 5 期。

[11] 诸大建：《超越增长：可持续发展经济学如何不同于新古典经济学》，载《学术月刊》2013 年第 10 期。

[12] 诸大建、张帅：《生态福利绩效与深化可持续发展的研究》，载《同济大学学报（社会科学版）》2014 年第 5 期。

[13] Common, M., 2007: Measuring National Economic Performance Without Using Prices, *Ecological Economics*, Vol. 64, No. 1.

[14] Daly, H. E., 1974: The World Dynamics of Economic Growth: The Economics of the Steady State, *American Economic Review*, Vol. 64, No. 2.

[15] Daly, H. E., 2005: Economics in A Full World, *Scientific American*, Vol. 293, No. 3.

[16] Daly, H. E., 2013: A Further Critique of Growth Economics, *Ecological Economics*, Vol. 88, No. 4.

[17] Dietz, T., Rosa, E. A., and York, R., 2011: Environmentally Efficient Well - Being: Is There A Kuznets Curve?, *Applied Geography*, Vol. 32, No. 1.

[18] Feng, Y. J. , Zhong, S, Y. , Li, Q. Y. , Zhao, X. M. , and Dong, X. , 2019: Ecological Well - Being Performance Growth in China (1994 - 2014): From Perspectives of Industrial Structure Green Adjustment and Green Total Factor Productivity, *Journal of Cleaner Production*, Vol. 236, No. 1.

[19] Max - Neef, M. , 1995: Economic Growth and Quality of Life: A Threshold Hypothesis, *Ecological Economics*, Vol. 15, No. 2.

[20] Meadows, D. H. , Meadows, D. L. , Randers, J. , and Behrens, W. W. , 1972: *The Limits to Growth*, New York: Universe Books.

[21] Niccolucci, V. , Pulselli, F. M. , and Tiezzi, E. , 2007: Strengthening the Threshold Hypothesis: Economic and Biophysical Limits to Growth, *Ecological Economics*, Vol. 60, No. 4.

[22] Tone, K. , 2001: A Slacks - Based Measure of Efficiency in Data Envelopment Analysis, *European Journal of Operational Research*, Vol. 130, No. 3.

[23] Tone, K. , 2002: A Slacks - Based Measure of Super - Efficiency in Data Envelopment Analysis, *European Journal of Operational Research*, Vol. 143, No. 1.

[24] Tone, K. and Tsutsui, M. , 2010: Dynamic DEA: A Slacks - Based Measure Approach, *Omega*, Vol. 38, No. 3 - 4.

[25] UNDP, 1990: *Human Development Report* 1990: *Concept and Measurement of Human Development*, Oxford: Oxford University Press.

Reflection and Optimization of Chinese Regions Ecological Welfare Performance

Ketao Lin　Ce Zhang　Yisheng Liu

Abstract: Under the strong sustainable development paradigm, the performance of ecological welfare is decomposed into two dimensions: economic performance and welfare performance. Based on an in-depth analysis of ecological environment, economic output and people's well-being, this paper uses the Super - NSBM model to evaluate the performance of regional ecological welfare and empirical analysis in China. The results show that China's overall ecological welfare performance is in a state of mid-to-high level of fluctuations, and the gap between regions is large; On the whole, the economic performance of the seven regions is lower than the welfare performance, and the efficiency of the two dimensions of economic performance and welfare performance is mostly in the invalid state of DEA. The low resource conversion rate is one of the main reasons for restricting the improvement of ecological welfare performance. Recommendations: prioritize green development and coordinate industrial ecological transformation; optimize regional coordination and coordinate across the board linkage development; strengthen resource utilization and coordinate the transformation of science and technology; focusing on public welfare output and coordinate public resource allocation.

Keywords: Ecological Welfare Performance Resource Consumption Economic Growth Ecological Protection Welfare Level

JEL Classification: D61 Q57

本文附录

考虑非期望产出的两阶段 Super – NSBM 模型表达式：

$$\rho_{se}^{*} = \min \frac{\sum_{k=1}^{k} \omega^{k}\left[1 + \frac{1}{m_k}\left(\sum_{i=1}^{m_k} \frac{s_i^{k-}}{x_{i0}^{k}}\right)\right]}{\sum_{k=1}^{k} \omega^{k}\left[1 - \frac{1}{v_{1k} + v_{2k}}\left(\sum_{r=1}^{v_{1k}} \frac{s_r^{gk}}{y_{r0}^{gk}} + \sum_{r=1}^{v_{2k}} \frac{s_r^{bk}}{y_{r0}^{bk}}\right)\right]}$$

$$\text{s. t.} \begin{cases} \sum_{j=1,j\neq 0}^{n} x_{ij}^{k}\lambda_j^{k} + s_i^{k-} = \theta^{k} x_{i0}^{k},\ i = 1,\ \cdots,\ m_k,\ k = 1,\ \cdots,\ k \\ \sum_{j=1,j\neq 0}^{n} y_{rj}^{gk}\lambda_j^{k} + s^{gk} = \varphi^{k} y_{r0}^{gk},\ r = 1,\ \cdots,\ s_k,\ k = 1,\ \cdots,\ k \\ \sum_{j=1,j\neq 0}^{n} y_{rj}^{bk}\lambda_j^{k} - s^{bk} = \delta^{k} y_{r0}^{bk},\ r = 1,\ \cdots,\ s_k,\ k = 1,\ \cdots,\ k \\ \varepsilon \leqslant 1 - \frac{1}{v_{1k} + v_{2k}}\left(\sum_{r=1}^{v_{1k}} \frac{s_r^{gk}}{y_{r0}^{gk}} + \sum_{r=1}^{v_{2k}} \frac{s_r^{bk}}{y_{r0}^{bk}}\right) \\ z^{(k,h)}\lambda^{h} = z^{(k,h)}\lambda^{k},\ \sum_{j=1,j\neq 0}^{N} \lambda_j^{k} = \sum_{k=1}^{K} \omega^{k} = 1 \\ \lambda^{k} \geqslant 0,\ s^{k-} \geqslant 0,\ s^{gk} \geqslant 0,\ s^{bk} \geqslant 0,\ \omega^{k} \geqslant 0 \end{cases}$$

上式中，m_k 和 v_k 表示第 k 个阶段输入与输出个数。（k，h）表示阶段 k 到阶段 h 的连接，x 为输入，y 为输出，z 代表中间产出，λ^k 表示 k 阶段的模型权重，ω^k 表示第 k 阶段权重。s^{k-} 表示投入指标的松弛变量，s^{gk} 和 s^{bk} 表示期望产出和非期望产出的松弛变量。

《产业经济评论》投稿体例

《产业经济评论》是由山东大学经济学院、山东大学产业经济研究所主办，由经济科学出版社出版的开放性产业经济专业学术文集。它以推进中国产业经济科学领域的学术研究、进一步推动中国产业经济理论的发展，加强产业经济领域中海内外学者之间的学术交流与合作为宗旨。《产业经济评论》为中文社会科学引文索引（CSSCI）来源集刊。

《产业经济评论》是一个中国经济理论与实践研究者的理论、思想交流平台，倡导规范、严谨的研究方法，鼓励理论和经验研究相结合的研究路线。《产业经济评论》欢迎原创性的理论、经验和评论性研究论文，特别欢迎有关中国产业经济问题的基础理论研究和比较研究论文。

《产业经济评论》设“综述”“论文”“书评”三个栏目。其中：“综述”发表关于产业经济领域最新学术动态的综述性文章，目的是帮助国内学者及时掌握国际前沿研究动态；“论文”发表原创性的产业经济理论、经验实证研究文章；“书评”发表有关产业经济理论新书、新作的介绍和评论。

《产业经济评论》真诚欢迎大家投稿，以下是有关投稿体例说明。

1. 稿件发送电子邮件至：rie@ sdu. edu. cn。

2. 文章首页应包括：

（1）中文文章标题；（2）200 字左右的中文摘要；（3）3 ~5 个关键词；（4）作者姓名、署名单位、详细通信地址、邮编、联系电话和 E-mail 地址。

3. 文章的正文标题、表格、图形、公式须分别连续编号，脚注每页单独编号。大标题居中，编号用一、二、三；小标题左齐，编号用（一）、（二）、（三）；其他用阿拉伯数字。

4. 正文中文献引用格式：

单人作者：

“Stigler（1951）……”“……（Stigler，1951）”“杨小凯（2003）……”“……（杨小凯，2003）”。

双人作者：

“Baumol and Willig（1981）……”“……（Baumol and Willig，1981）”“武力、温锐（2006）……”“……（武力、温锐，2006）”。

三人以上作者：

“Baumol et al.（1977）……”“……（Baumol et al.，1977）”。

"于立等（2002）……""……（于立等，2002）"。

文献引用不需要另加脚注，所引文献列在文末参考文献中即可。请确认包括脚注在内的每一个引用均有对应的参考文献。

5. 文章末页应包括：参考文献目录，按作者姓名的汉语拼音或英文字母顺序排列，中文在前，Word 自动编号；英文文章标题；与中文摘要和关键词对应的英文摘要和英文关键词；2～4 个 JEL（*Journal of Economic Literature*）分类号。

参考文献均为实引，格式如下，请注意英文书名和期刊名为斜体，中文文献中使用全角标点符号，英文文献中使用半角标点符号：

[1] 武力、温锐：《1949 年以来中国工业化的"轻重"之辨》，载《经济研究》2006 年第 9 期。

[2] 杨小凯：《经济学——新兴古典与新古典框架》，社会科学文献出版社 2003 年版。

[3] 于立、于左、陈艳利：《企业集团的性质、边界与规制难题》，载《产业经济评论》2002 年第 2 期。

[4] Baumol, W. J. and Willig, R. D., 1981: Fixed Costs, Sunk Costs, Entry Barriers, and Sustainability of Monopoly, *The Quarterly Journal of Economics*, Vol. 96, No. 3.

[5] Baumol, W. J., Bailey, E. E., and Willig, R. D., 1977: Weak Invisible Hand Theorems on the Sustainability of Multiproduct Natural Monopoly, *The American Economic Review*, Vol. 67, No. 3.

[6] Stigler, G. J., 1951: The Division of Labor is Limited by the Extent of the Market, *Journal of Political Economy*, Vol. 59, No. 3.

[7] Williamson, O. E., 1975: *Markets and Hierarchies*, New York: Free Press.

6. 稿件不做严格的字数限制，《综述》《论文》栏目的文章宜在 8000 字以上，欢迎长稿。

7. 投稿以中文为主，海外学者可用英文投稿，但须是未发表的稿件。稿件如果录用，由本刊负责翻译成中文，由作者审查定稿。文章在本刊发表后，作者可以继续在中国以外以英文发表。

8. 在收到您的稿件时，即认定您的稿件已专投《产业经济评论》并授权刊出。《产业经济评论》已被《中国学术期刊网络出版总库》及 CNKI 系列数据库收录，如果作者不同意文章被收录，请在投稿时说明。

《产业经济评论》的成长与提高离不开各位同仁的鼎力支持，我们诚挚地邀请海内外经济学界的同仁踊跃投稿，并感谢您惠赐佳作。我们的愿望是：经过各位同仁的共同努力，中国产业经济研究能够结出更丰硕的果实！

让我们共同迎接产业经济理论繁荣发展的世纪！